오늘도
당신은
잘 —————
살아가고
있습니다

하고 싶은 일을
하는 것이 바로 꿈이고
해야 되는 일을 하고
사는 사람이 아름답다

오늘도
당신은
잘 ———
살아가고
있습니다

송경숙 지음

나비의 활주로

PART 2
사는 이야기

PART 1

일 이야기

변화를 원한다면 사람, 일, 환경을 바꾸어야 합니다

같은 방법을 유지하면서 다른 결과를 기대하는 것은

어리석은 생각입니다.

같은 생각을 가지고

다른 방법을 찾아내는 것은 불가능합니다.

생각을 바꾸려면 변화가 필요합니다.

변화하기 위해서는 사람, 일, 환경을 바꾸어야 합니다.

자신의 의지로 바꿀 수 있는 것부터 시작해 봅니다.

행복하려면
일을 해야 합니다

빅터 프랭클은 『죽음의 수용소에서』에서

우리는 무엇인가를 창조하거나 어떤 일을 함으로써,

어떤 일을 경험하거나 어떤 사람을 만남으로써,

그리고 피할 수 없는 시련에 대해

어떤 태도를 취하기로 결정함으로써,

삶의 의미에 다가갈 수 있다고 하였습니다.

영화 〈인턴〉에서 로버트 드니로가 말했습니다.

"인생은 일과 사랑이다. 그래서 나는 다시 일한다."

일을 할 수 있는 지금이 가장 행복한 순간입니다.

늘 처음입니다

〈이번 생은 처음이라〉라는 드라마가 있었습니다.

어찌 이번 생만 처음이겠습니까?

10대가 처음이고, 20대도 처음이고,

30, 40, 50, 60대 다 처음입니다.

만나는 사람마다 그 사랑도 처음일 수밖에 없습니다.

첫아이를 키웠으니 둘째는 잘 키울 것 같아도

한 아이의 부모가 처음이고,

두 아이의 엄마 아빠도 처음인데,

이번 직장에서의 경험이 이직 후 제대로 먹히지 않는 건,

역시 그곳이 처음이기 때문입니다.

매 순간이 다 처음 살아 보는 인생인데,

그래서 서툰 건데, 그래서 안쓰러운 것입니다.

제대로
나아가고 싶습니다

"나는 누구인지

어디로 가고 있는지

물어봅니다.

잘 알고,

제대로 가고 있다는군요."

지인이 단톡에 올린 글입니다.

정갈함이 느껴집니다.

뭘 놓고 왔을까?

아님 '가지 않은 길'이 있었을까?

뒤를 돌아보게 됩니다.

푸시맨이 있으면
좋겠습니다

옛날 지하철엔 푸시맨이 있었습니다.

그에게 내 등을 맡기지 않으면

밖으로 다시 튕겨 나옵니다.

두어 번 튕겨 나와

시루떡 같은 지하철 안으로 못 들어가면

정상궤도에서 벗어나 버립니다.

가끔은

그나마 시루떡 같은 인생이지만,

정상궤도에서 이탈되지 않게,

힘껏 밀어주는 푸시맨이 있으면 좋겠습니다.

다 이유가 있습니다

"바람이 불면 저절로 닫히고
일 없을 땐 한낮에도 늘 닫혀 있네.
열리고 닫힘이 그때그때 형편에 따르니
하늘과 땅 사이의 이치가 바로 여기에 있다네."

'사립문'이라는 한시입니다.
그렇게 했기 때문에 성공했고
그래서 실패한 것입니다.
그랬기 때문에 다시 성공할 수 있었고
그대로 머물러 있는 것도 이유가 있기 때문입니다.
최고의 진리에는 '순리'가 숨어 있는 것 같습니다.

선한 영향력

이름만 대면 알 만한 중견기업 CEO의 이야기입니다.

형편이 어려운 농사꾼의 아들이었던 그분은

시골에서 고등학교 졸업 후 대학을 위해 서울로 올라와

삼수 끝에 소위 말하는 명문대에 진학하였습니다.

집안 형편이 좋지 않아 삼수를 하는 2년 동안

학생 관리, 학원 청소 등을 하며 학원비는 내지 않았고,

하루 한 끼 먹으면서 공부하였습니다.

대학 합격 후에는 스스로 학비를 벌어 졸업하기 위해

한 달에 3~4개의 아르바이트를 하였으니,

대학 성적이 제대로 나올 리가 없었습니다.

그때 같은 과 선배 다섯 분이 뜻을 모아

'성적 부진' 장학금을 주었다고 합니다.

집안 형편이 어려워 공부를

제대로 할 수 없는 후배들을 위한

선배님들의 배려가 참으로 지혜로웠다는 생각입니다.

얼마 전 이분께서, 본인이 받았던 것과 같은 장학금을

지원하겠다고 하셨습니다.

'선한 영향력'

이도 경험에도 나오는 따뜻한 감사의 결정체였습니다.

지금 자리가
꽃자리입니다

지리하게 오르는 산이라 지리산이라 하더니…

사는 게 딱 그 산을 오르는 기분입니다.

하지만,

더한 시절도 버텨온 능력으로

우리는

이 또한 지나갈 것을 이미 알고 있습니다.

지나 보니, 그때가 꽃자리였네요.

또 지나 보면 지금이 꽃자리겠지요…

산다는 건 그저 하나하나 헤쳐 나가는 것인가 봅니다.

인문학적 소양이
필요합니다

사소한 일에 분노가 느껴지고, 대화가 제대로 되지 않고,

배려가 익숙지 않고, 냉소적이고, 마음은 늘 불안하고,

인내는 부족하고,

게다가

나만 정당해서 늘 불만스럽습니다.

왜 그럴까요?

'인문학적 소양이 없어서'가 아닐까요?

인문학적 소양은 흑백논리가 아닌

다르다는 것을 인정하는 것입니다.

'인문학적 소양'은 책에서도 얻을 수 있겠지만,

'치열했던 삶' 속에서 길러진다고 생각합니다.

Back to the Basics

퇴직 사유는 늘 존재합니다.

의외로 '인간관계'가 꽤 많은 부분

우리를 회사에서 떠나게 합니다.

더 좋은 조건을 찾거나,

결혼, 육아, 지겨워서도 이유가 됩니다.

하지만 새로운 곳은 늘 힘듭니다.

그럼에도 불구하고 그곳이 어디든

초기 몇 개월,

몇 년간 쏟아부었던 에너지가 Base가 됩니다.

가끔 일에 대한 열정이 식어 버릴 때,

그만두고 싶은 충동이 일 때,

마음을 다져 보십시오.

'Back to the Basics'

하지만 처음에 만들어 놓은 Base가 없으면

'Back to the Basics' 할 곳이 없습니다.

이 Base가 바로 '실력' 아닐까요?

머물 곳이 있다는 건 축복입니다

이직은 희망이며, 승진은 잔인함이며, 구직은 전쟁입니다.

나의 두 번째 직장은 공공기관이었습니다.

공무원보다 더 좋다는 준공무원,

정년이 보장되고 퇴직 전 공로연수도 1년 있습니다.

하지만 딱 단점이 '승진'이 쉽지 않다는 것입니다.

물론 어디든 승승장구하는 사람들이 있지만

비교적 많은 이들이 한 자리에 오랜 기간 머뭅니다.

심지어 비슷한 시기에 입사한 동료들 중에는

수십 년 동안 겨우 한 자리 상승이거나 아직도

같은 직위에 머물러 있는 동료들도 여전히 많습니다.

그래서 한동안 승진은 참으로

'잔인한 것'이라 생각했습니다.

하지만 입사가 되고 안 되고는

'천당과 지옥'이라는 생각이 듭니다.

구직, 승진이 혹독하게 느껴지는 건

절대 내 의지로 이룰 수 없어서일 겁니다.

'이직'이 희망으로 보이는 건, 내가 선택할 수 있고,

그럼에도 불구하고,

여전히 머무를 곳이 있기 때문이 아닐까요?

무슨 일이든
마음먹기 달렸습니다

지인 의사분이 대학병원에서 일할 때는

웬만해선 허리 인사가 되지 않았다고 합니다.

그러다 개업을 하였습니다.

여전히 대학에서 진료하듯 최상 진료를 환자에게

제공한다는 나름의 소신을 굽히지 않았습니다.

하지만 자녀가 같은 길을 가게 되었고

자신이 하는 일이 가업이 된다고 생각하니

목례가 허리 인사로 저절로 바뀌더라고 말합니다.

농담같이 던진 말이지만 대를 이은 가업은

일에 대한 소명의식을 가지게 하는 것 같습니다.

인생의 피크

어느 해 송년 모임을 하면서 불현듯

내 인생에 '올해 같은 해가 또다시 올까?' 하며 가졌던

벅찬 느낌을 지금도 생생하게 기억하고 있습니다.

하지만 그 정점을 유지하는 것이 너무나 힘들다는 것을,

얼마 되지 않아 알 수 있었습니다.

그럼에도 불구하고

그때의 그 벅참이 지속적으로 큰 힘이 되었습니다.

목표가 목적지가 없듯이

'인생의 피크'가 갱신되기도 하겠지만,

정점이라 느껴지는 '그때'가 한 번만이라도 있다면

나머지는 감사함으로 살아갈 수 있을 것 같습니다.

하고 싶은 일을 하면서 산다는 것

어느 날, 차 안 라디오에서 흘러나오는 말입니다.

"마지막으로 하실 말씀은"

"네 저는 큰 욕심 없어요.

그냥 제가 쓰고 싶은 글 실컷 쓰고,

하고 싶은 것 하면서 세끼 밥만 먹으면 돼요."

순간 헛웃음이 나왔습니다.

그렇게 살기가 얼마나 힘든 건데,

한참 전 일인데도 이 말이 잊히지 않습니다.

나도 그렇게 살고 싶었습니다.

세월이 지나도 여전히 해야 할 일들로 가득합니다.

지금 이만큼인 것에
감사합니다

나름 업력이 쌓이고 어느 순간

누군가의 승진 소식을 접할 때면

'나도 계속 있었으면, 혹시 저 자리가,

적어도 저 자리까지는…'

아무렇지 않은 척 태연히 있어 보지만,

가끔은 씁쓸할 때가 있습니다.

하지만 이내 그들이 그 자리까지 남아 있는

여러 이유도 알 것 같고,

때로 그들의 성공(?) 소식들이 자극이 되기도 합니다.

아직까지 에너지가 남아 있는 건지, 아쉬움인지,

그래도 늘 이만큼인 것에 감사합니다.

그래도 일은
일터에서 하고 싶습니다

코로나로 언택트 근무, 언택트 미팅, 언택트 인터뷰

언택트 속에서 살아보니

우울함이 몸을 지배하며 아픔까지 느껴졌습니다.

평생을 일터에서 보내서 그런지

언택트가 영 편치 않았습니다.

다양성과 글로벌 시각에서 벗어나지 못해서일까요?

여전히 일터에서 일해야 효율적이고 몰입도 잘됩니다.

오랜 시간 만들어진 습관을 바꾸기가 쉽지 않음을 느끼며,

새로운 기도가 시작됩니다.

앞으로도 함께하는 공간이 사라지지 않기를 바랍니다.

어느 드라마에서 이렇게 멋진 말을 했습니다.

"공간은 추억을 담고 있다.

시간이 추억을 만드는 게 아니라."

인생에는 해결하라는
숙제가 꼭 있습니다

삶에는 하나씩 해결하라는 숙제가 꼭 있습니다.

그러니 지금 일어난 문제에 그리 괴로워 마십시오.

오늘, 안 되면 내일, 안 되면 모레,

한꺼번에 하시려 마시고

하나씩 하나씩 쉬엄쉬엄 해 나가십시오.

이것이 없다면 행, 불행도 없습니다.

시간이 꼭 필요합니다

모든 일에는 투입해야 할 시간이 반드시 필요합니다.

처음부터 잘할 수는 없습니다.

시작은 같은데 결과가 다른 건

누가 더 많은 시간을 들였느냐입니다.

그다음이 역량입니다.

나중에 원하는 바대로 이루어지지 않았더라도

열심히 보낸 시간이

우리를 단단하게 만들어 놓을 것입니다.

이를 의심하지 마십시오.

연습이 필요합니다

타고난 재능은 있습니다.

그러나

타고난 재능을 세상 밖으로 내어놓는 건

끊임없는 연습입니다.

신이 준 천혜의 목소리를 지닌 루치아노 파바로티도

자신을 세계적인 테너로 만든 건

끊임없는 연습이었다고 했습니다.

선택의 결과는 있습니다

우리는 끊임없는 선택을 하게 됩니다.

그 결과, 하나는 꼭 받게 되어 있습니다.

보상 아니면 대가,

어느 것을 받고, 치르든

우리는 성장합니다.

뇌를 굶기지 마십시오

근육을 만들기 위해 운동을 하듯이

뇌도 열심히 훈련시켜야 합니다.

뇌도 굶기면 쪼그라듭니다.

우울, 스트레스, 피로,

다 머리에서 나오는 증상들입니다.

생각이 나의 몸을 지배합니다.

뇌에 충분한 영양분을 주고 열심히 운동을 시키십시오.

뇌 훈련에는 여러 가지가 있겠지만

독서도 참 좋을 것 같습니다.

해 봐야 압니다

모르는 게 많으면 자신도 모르게 피해를 주게 됩니다.

중요한 건 본인한테 주는 피해가 가장 크다는 것입니다.

아무것도 하지 않으면 모르는 게 뭔지 모릅니다.

두려워 말고 시도해 보는 것을 권합니다.

도전은 본인한테 주는 안전망입니다.

한 번쯤은 일에 미쳐 봐야 합니다

죽기 살기로 일해 본 적이 있습니까?

없다면 성공과는 거리가 멉니다.

죽기 살기로 일했다고 해서 고갈되는 건 없습니다.

성공한 적이 없다고 생각되면

지금이라도 일에 미쳐 보십시오.

그게 뭐든 그 여파가 조금씩

성공으로 이끌어 줄 것입니다.

푯대는 필요합니다

그것은 나의 힘입니다

자식, 남편, 부모, 공부, 일, 취미, 돈

그것이 무엇이든

앞으로 나아가게 하는 푯대는 필요합니다.

삶이 녹록지 않았음에도

나를 지켜준 푯대는 자식이었습니다.

부족함을 아는 것은
성장의 기본입니다

자신의 능력이 80%면서 120%인 것처럼 자랑하는 사람,

100%를 가졌지만 80%를 가졌다고 생각하는 사람,

자신은 80%의 능력이라고 생각하는데

다른 사람이 100%로 인정해주는 사람이 있습니다.

개인적으로 나는 세 번째입니다.

다행인 건 다른 사람들이 봐주는

100%로 올리려고 노력했고

이는 나를 발전시키는 원동력이 되었습니다.

어제보다 나은 오늘을 살 수 있었던 이유입니다.

반복은 보이지 않는
큰 힘을 발휘합니다

콩나물 시루 이론을 아시지요?

보기에는 시루 밑으로 물이 다 빠져 나가는 것 같습니다.

그럼에도 콩나물은 쑥쑥 자라납니다.

이유는 딱 하나입니다.

반복입니다.

그러다 보면 어느 순간 콩나물은 다 자라 있습니다.

보기에는 물이 다 빠져 나간 것 같은데도 말입니다.

가랑비에 옷 젖는다는 말과 같은 의미입니다.

무언가를 반복해서 하다 보면

어느 순간 목적지에 도달해 있을 것입니다.

마감의 법칙만 잘 지켜도
절반의 성공입니다

학생들에게 숙제를 내고

기한을 1주일을 주든 30일을 주든

늦게 내는 학생의 수는 비슷하다고 합니다.

프로세스를 지켜나가기 어렵다는 뜻일 겁니다.

하지만 마감의 법칙은

마감이 임박한 순간 절대적 힘이 발휘됩니다.

매 순간 마감만 지켜도 절반의 성공입니다.

처음의 열정을 보면
결과가 예상됩니다

뭐든 처음이 중요합니다.

항공기의 비행 시 연료 소비량은 이륙단계에서

순항단계보다 2.6~3.0배 더 많이 소모된다고 합니다.

출발선의 스퍼트 없이는

좋은 결과를 내기가 어렵습니다.

처음은 무슨 일이든, 누구든 힘겹습니다.

떡잎부터 다르다, 시작이 반이다,

싹수가 노랗다 등의 말은

처음 마음의 중요성을 말합니다.

시작에서의 태도는

결과를 예측 가능하게 합니다.

혼자보다 함께할 때
성공 가능성이 높습니다

먼 길을 가야 하는 철새는 V자를 그리며 날아갑니다.

이때 V자의 가장 앞자리에서 나는 리더 새는

제일 먼저 바람을 맞아가며 길을 안내합니다.

그러면 리더를 하는 새는 어떻게 정해질까요?

딱히 밝혀진 바는 없으나 새 떼를 관찰하다 보면

한참을 날다가 가장 앞서 날아가는 새가 지칠 쯤이면

뒤에 날던 새가 앞으로 나와

자리를 서로 바꿔 가면서 난다고 합니다.

인간이 알 수 없는 새들만의 규칙이 있을지는 모르겠지만

이것이야말로 가장 훌륭한 팀워크가 아닐까 싶습니다.

각자의 역할을 자발적으로 해줄 때

최고의 팀워크가 만들어지지 않을까요?

갈등은 늘 있습니다

갈등은 선택의 기로에 있다는 뜻입니다.

할까? 말까?

이건가? 저건가?

고민은 하지만

본인은 이미 알고 있습니다.

조금이라도 어느 쪽으로 기울어져 있는지,

그 결정대로 하면 됩니다.

하지만 우리는

스스로 이유를 만들든지

아니면 급한 결정으로

아니면 배려의 마음으로

다른 결정을 하는 경우가 있습니다.

그럴 땐 어김없이 후회를 하게 됩니다.

짜증도 나고, 말도 많아지고,

불안정해집니다.

선택을 잘하는 것, 그것만으로도

갈등의 반은 이미 해결되었습니다.

치열한 삶이 좋습니다

치열하게 살아 보셨나요?

그렇게 살아 왔다면 어떠한 상황이든

움직일 수 있는 힘은 길러져 있을 겁니다.

어느 날 모든 게 멈춰 버렸다는 생각이 든다면

그동안 안전지대에서 머물러 있었을 겁니다.

안전지대라고, 그 삶이 힘겹지 않았다거나

열심히 살아오지 않았다거나

최선을 다하지 않았다는 게 아닙니다.

치열한 삶이란

열심히, 힘들게, 최선을 다해 살아온 삶과는 다릅니다.

치열함의 결과는

늘 무엇인가를 언제든지 시작할 수 있는

내공이 길러져 있다는 것입니다.

비판적 사고가 필요합니다

비판적 사고는 부정적 사고로 이어질 확률이 높습니다.

다른 사람이나 사물을 볼 때

뭔가 불편함을 느꼈다는 것입니다.

완벽한 게 어디 있겠습니까?

긍정적인 모습을 찾는 노력이 필요하다는 생각입니다.

그럼에도 불구하고

비판적 의견을 받아들이는 자세는 필요합니다.

비판적 사고는 상황을 비교적 정확하게

파악할 수 있게 해줍니다.

냉철한 비판은 발전적이며,

좋은 결과를 낼 가능성이 큽니다.

꼭 필요한 사람에게
있어야 할 게 중요합니다

우리는 강박적으로 영어에 대한 로망이 있습니다.

영어를 잘하고 싶다는 열망은

나이가 들어서도 포기하지 못하고 해가 바뀔 때마다

이루어야 할 목표 상단을 차지하기도 합니다.

하지만, 주위를 돌아보면

영어를 웬만큼 하는 사람들은 넘칩니다.

영어를 잘해서 더 나은 직장을 가지고 있다거나

인생이 바뀌는 것은 극히 일부의 이야기입니다.

무엇이든 모든 사람에게 다 필요한 건 없습니다.

그것이 꼭 필요한 사람에게 있을 때 빛을 발합니다.

성공한 대부분의 사람들은

누구나 가지고 있는 것이 있어 성공한 것이 아니라

그 성공에 꼭 필요한 것을 가지고 있다는 사실입니다.

안전지대에서
성공 스토리는 나오지 않습니다

감동은 안전지대에서 나오기가 쉽지 않습니다.

변화와 도전에서 역동적 스토리가 전개됩니다.

결과가 성공이면 좋겠지만

실패했다고 실망하지 마십시오.

실패의 그 쫀득한 깊이는 지나 보면

강한 단련의 순간들이었을 겁니다.

그 순간은 감동으로 남으며,

성공의 씨앗으로 축적됩니다.

목표는 잘게 잘라야 합니다

한 걸음에 다다를 수 있는 곳을

목표로 삼을 수는 없습니다.

한 걸음에 닿지 않는 그 높은 곳이 목적지입니다.

그렇다고 그곳을 한 걸음에 올라설 순 없습니다.

생각해 보십시오.

내가 이룬 것들이 있다면 그것은

한 단계 한 단계씩 만들어 낸 것입니다.

순식간에 이루어진 것이 아닙니다.

그러니 목표는 잘게 잘게 잘라야 합니다.

꿈은 목적지가 없습니다

우리는 꿈에 대해 수시로 생각하지만

정작 꿈이 뭐야? 물으면 선뜻 대답이 나오질 않습니다.

주위에 꿈을 이루었다는 사람들을 볼 수 있습니다.

하지만 이들에게도 새로운 꿈은 멈추지 않고 계속됩니다.

꿈은 목적지가 없습니다.

우리가 평생 꿈을 꾸는 이유입니다.

꿈을 잃지 않는 우리 삶은 역동적이며 풍요롭습니다.

자꾸 하고 싶은 일을
하라고 합니다

사람들이 말합니다.

옛날엔 가난했지만 희망이 있었으나

지금은 잘 살지만 희망이 없다고

그러니 하고 싶은 일을 하면서 즐겁게 살라고,

하고 싶은 일이 뭔지는 모르겠지만

그때도 희망적이어서 해야 될 일을 하면서 산 게 아닙니다.

열심히 살지 않으면 안 되었기 때문이었습니다.

우리 삶은 하고 싶은 일을 하면서 살 수는 없습니다.

해야 할 일을 하면서 살아야 합니다.

하고 싶은 일을 하면서

먹고사는 데 아무런 문제가 없다면 다행입니다.

살아가다 보면

하고 싶은 일을 하면서 살 수 있을 때가 있지 않을까요?

무엇이든 거기까지 가봐야
알 수 있습니다

돈이 인생의 전부가 아니라지만

돈이 없어 하고 싶은 걸 포기해야 할 때

돈의 힘의 느껴집니다.

명예만 있으면 될 것 같아도

폼 나는 명예도 돈 없이는 지키기가 어렵습니다.

사람을 바르게 살게 하는 힘이

돈에 있다는 것을 부인하지 못하겠습니다.

욕심이란 본인의 노력, 능력 이상의

큰돈을 원할 때입니다.

일머리, 공부머리는 다릅니다

둘 중 하나는 잘할 수 있지 않을까요?

굳이 둘 중 하나라도 잘해야 한다면

일머리를 선택하고 싶습니다.

학력보다 일머리로 성공한 사람들이 더 많습니다.

문화보다 시스템입니다

역량이 안 되는데 환경이 바뀐다고 해서

갑자기 일을 잘할 순 없습니다.

하지만,

역량은 되는데 시스템의 부재가 문제였다면,

시스템이 인재를 찾아냅니다.

좋은 조직, 인재들과 함께해야 하는 이유입니다.

하나라도 잘하는 게 있다면
그 사람이 인재입니다

일 잘하고, 예의 있고, 눈치 있고, 관계 잘하고,

유머까지 고루 겸비한 사람을 원하십니까?

그런 사람 없습니다.

정자 좋고, 물 좋은 데를 찾기란 쉽지 않습니다.

하나라도 잘하는 게 있다면 함께하기에 충분합니다.

유리천장을 뚫어 보십시오

시골 학교나 도시 학교나 전교 1등의 마인드는

비슷한 자신감을 가지고 있습니다.

영업에서 1등의 경험은

오랫동안 그 일을 매진할 수 있는 힘을 장착해 줍니다.

1등을 해 본 사람이 갖는 자신감은

학교가 어디에 있든, 조직이 크든 작든

비슷한 힘을 발휘합니다.

어디에든 유리천장은 있습니다.

그것이 뚫어지는 벅찬 순간은

시간이 지나도 자신감과 자존감을 유지시켜 줍니다.

성공은 어려움을 극복한
산물입니다

대단한 성과를 이룬 적이 있었습니다.

그럼에도 불구하고

하고 싶은 일은 아니라고 생각했었습니다.

그곳은 늘 힘겨운 곳이었습니다.

하지만

되돌아보니

가장 빛났던 곳이 그곳이었습니다.

나의 족적이라고 할 수 있는 많은 것들이 거기에 있고

지금도 여전히 나를 빛나게 해주는 곳입니다.

성공은 극복의 결과물입니다.

잠시 쉬는 것도
때가 있습니다

잠시 쉬다가,

다시 시작하겠다고 합니다.

그 잠시가 기회를 사라지게 할 수도 있습니다.

끊임없이 움직여야 하는 이유입니다.

쉬는 것도 때가 있습니다.

과정은 중요하지만
목표가 될 수는 없습니다

결과보다 과정이 중요하다고 생각하는지요?

성과 없는 훌륭한 과정은

평생 공부만 하는 것과 같은 의미입니다.

공부는 평생 하는 것이지만

공부 자체가 목표가 될 수는 없습니다.

배우는 이유는 써먹기 위해서입니다.

돈은 행복의 조건입니다

돈에는

사람을 바르게 살게 하는 힘이 있습니다.

돈 없이 이룰 수 있는 꿈은 없습니다.

돈을 벌어보지 않고, 돈의 힘을 알기란 쉽지 않습니다.

그렇다고 일확천금을 노리라는 것이 아닙니다.

돈을 버는 일에 진심이기를 바랍니다.

경험이 정신을 만듭니다

헝그리 하게 키우지 않고,

헝그리 정신을 바라지 마십시오.

경험하지 않고 다른 사람의 업적을 무시하지 마십시오.

연습하지 않고 잘하기를 바라지 마십시오.

경험한 크기만큼 정신이 성장합니다.

그 정신의 크기만큼

당신은 성장해 있습니다.

스위치가 필요합니다

일에서 해방되려면

성능 좋은 스위치가 필요합니다.

직장에서는 집 스위치를 끄고,

집에서는 일 스위치를 꺼야 합니다.

부딪쳐 봐야 압니다

한 곳에 머물러 있으면서

성공을 바라지 마십시오.

도전 없이 성공은 없습니다.

부딪치고 또 부딪쳐서 나아가야 합니다.

그렇지 않았다면

그 어느 위대한 사람도 존재하지 않습니다.

겪지 않고 이루어지는 건 없습니다.

지금 궤도가 맞습니까?

일이 뭔가 뜻한 대로 진행되지 않을 때는

궤도가 맞지 않은 것 아닐까요?

이유는 다양할 것 같습니다.

재빨리 수정되어야 합니다.

시간이 지날수록

정상 궤도와 멀어질 수밖에 없습니다.

라떼도 중요합니다

얼마 전부터 조금 나이 든 사람들의

삶의 누적된 경험에서 나오는 조언 대부분을

꼰대라고 치부해 버립니다.

긍정적 마인드로 받아들이면,

돈으로 살 수 없는 노하우를 전수받을 수 있는

기회인데 말입니다.

그 노하우는 실패할 확률을 줄이고,

책 한 줄보다 나을 수 있습니다.

"라떼는 말이야!"야말로 생생한 산 경험입니다.

성공은 안전지대에서
오지 않습니다

성공의 뿌리는 실패에서 튀어나옵니다.

자신을 혹독하게 뒤흔드는 힘겨움을 경험하지 못했다면

성공은 오지 않습니다.

성공은 로또가 아닙니다.

성장은 혁신을 통해
이루어집니다

매번 혁신을 하는 이유는

성공적 결과를 얻기 위해서입니다.

지금보다 20% 성장을 목표로 삼으면

노력도 20% 정도만 하게 됩니다.

목표를 세워 그 목표를 달성하기 위해서는

200% 이상의 열정을 보여야만

원하는 만큼의 성장이 가능합니다.

그것이 혁신입니다.

최초는
누구에게나 가능합니다

어느 곳에서든 최고가 되기는 쉽지 않습니다.

하지만 최초는 가능합니다.

특히 자신만의 최초를 만들어가는 건

최초가 많다는 건

성공의 가능성이 높다는 뜻입니다.

좋은 리더를
만난 적이 있습니까?

백락이 있고 천리마가 있다고 했습니다.

명마의 탄생도 명마를 알아보는 눈이 먼저입니다.

좋은 리더에겐 사람을 알아보는 눈이 필요합니다.

매의 눈을 가진 리더는 다른 사람의 역량을 알아보고

인생을 바꾸어 주기도 합니다.

리더가 사람을 알아보는 눈이 없으면

좋은 조직을 만들 수 없습니다.

좋은 조직도 결국 사람들이 만들어 냅니다.

남보다 조금만 더
노력하십시오

언젠가 신문기사에서 본 사시, 행시, 외시에

동시 합격한 사람의 말입니다.

시험에 합격하려면 한번 보고 나서 몇 번 봐야

합격 가능한지 판단할 수 있어야 하고,

그보다 2~3번 더 보면 수석도 가능하다고,

달리 표현하자면 다른 사람보다

2배 이상 노력하면 성공의 가능성이 높다는 뜻입니다.

도전만이
살길은 아닙니다

도전과 변화가 좋기는 하지만

한 우물만 죽기 살기로 파는 것도 능력입니다.

뭐가 남아도 남습니다.

지루함을 견딜 줄 안다는 건

그 어떤 능력보다도 중요합니다.

적어도 무너지는 일은 없다는 뜻입니다.

자신의 조직을
판단해 보십시오

우수한 사람들이 모여 있는 조직은

기준만 정해 놓으면 통제가 필요 없습니다.

알아서들 일을 잘합니다.

은유적 표현으로 의사전달이 되면

중간 수준의 조직이라고 생각됩니다.

직접적 표현이 필요하면 그 조직은 문제가 있습니다.

직접적인 표현은 기분이 상할 수밖에 없습니다.

지시형의 의사 표현은 다소간의 감정이 섞일 수 있고

받아들이는 사람에게는 반감이 생길 수밖에 없습니다.

어떤 조직에 몸담고 있는가요?

우리는 우수한 사람들 중 한 명이겠지요?

정점을 유지시키는 건
내공입니다

그게 무엇이든 성공했다는 생각이 든다면

그 이후는 내리막입니다.

정점을 유지하는 건 더 많은 에너지를 필요로 합니다.

성공이 도전과 열정으로 이루어졌다면

내공으로 유지됩니다.

내공은 실패와 성공의 반복으로 강해집니다.

사람도 변할 수 있지
않을까요?

흔히 사람은 바뀌지 않는다고들 합니다.

사람이 바뀌지 않는다고 주장하는 사람은

스스로가 변화할 의지가 없다는 뜻입니다.

하지만 유연한 사고를 가진 사람들이 있습니다.

혼자서는 바꿀 수 없지만

누적되는 경험과 좋은 책을 읽음으로써

좋은 사람들과 함께함으로써

자신을 조금은 낮춤으로써

주위의 변화에 따라 조금씩 맞춰감으로써 가능합니다.

세상은 발전하고 변화하는데

정작 사람만 변하지 않는다고 합니다.

같이 변화해야 합니다.

그 자리에 머물러 있으면서 변하는 건 없습니다.

다 그럴 만한
이유가 있습니다

그러한 데는 다 그럴 만한 이유가 있습니다.

열심히 공부하는데 성적이 안 나오고,

시험을 잘 친 것 같은데 자꾸 떨어집니다.

반복적으로 승진 대상에서 누락되고,

뭐 하나 빠지는 게 없는 것 같은데 연애에 실패하고,

주는 것 없이 미운 사람이 있습니다.

그러한 데는 다 그럴 만한 이유가 있습니다.

공부 포인트를 못 잡거나 다른 사람보다 노력을 덜 했거나

실력이 없거나, 관계를 잘 못하거나,

상대방을 편하게 해주지 못하거나

배려가 없거나, 무례하거나 이유는 다양합니다.

곰곰이 생각해 보면 대부분은 해결할 수 있습니다.

이유가 분명하지 않습니까?

다양한 경험이
자기 발전을 도웁니다

인간은 다른 사람 말을 잘 듣지 않는다고 합니다.

혼자서 발전적 사고를 하기는 어렵습니다.

그러니 경험은 많을수록 좋습니다.

그렇다고 수시로 회사를 옮기거나,

일을 바꿀 수는 없습니다.

승진이나 인사 이동은

변화를 꾀할 수 있는 좋은 기회입니다.

내 옆 동료가 바뀌는 것도 변화입니다.

자리가 사람을 만든다고 했습니다.

그게 무엇이든 맞닥뜨린 기회를 놓치지 마십시오.

여유로움도
경쟁력입니다

쫓는 자와 쫓기는 자는 표정에서 알 수 있습니다.

작은 차이로 앞서가는 사람의 불안감은

쫓는 자의 불안감보다 더 큽니다.

여유 있게 앞서가는 자의 여유는

쫓는 자의 여유와는 다릅니다.

기왕이면 쫓기지 말고 앞서가기를 바랍니다.

대부분의 최정상도 작은 차이로 그 자리에 있습니다.

그러니 어떤 상황에서도

여유로움을 즐길 줄 알아야겠습니다.

자꾸
내려놓으라고 합니다

내려놓는 것도 때가 있습니다.

달리는 호랑이 등에서는 내릴 수가 없습니다.

불행하게도 우리의 삶은

늘 달리는 호랑이 등에 올라타 있습니다.

내려놓기보다는

떨어지지 않는 방법을

터득하는 것이 더 나을 것 같습니다.

그러다 보면 자연스레 내려놓을 수 있는

때가 오지 않을까요?

뭐든 계속해서 달릴 수는 없습니다.

내려놓는 때도 그렇게 보폭을 맞추어 가야 합니다.

존재 자체로
빛나는 사람이 있습니다

성실히 살아본 경험이 없는 사람이

줄 수 있는 신뢰는 없습니다.

열정적인 사람에게는 간결하고

컴팩티드한 자신감이 느껴집니다.

말없이 행동하는 사람이 그리운 세상입니다.

존재 자체로 힘이 되고 감동을 주는 사람이 그립습니다.

타고난 재능이 없다면
만들면 됩니다

나에겐 크게 성공한 절친이 있습니다.

그가 그 어떤 상황에서도 힘들다고 말하는 것을

한 번도 본 적이 없습니다.

저렇게 힘든 상황을 어찌 극복할까 싶은데도

늘 아무 일 없듯이 잘 해결된 듯이 행동합니다.

그렇다고 문제가 사라진 것도 아닙니다.

그는 말합니다.

아무 재능 없이 태어난 것 같은데

딱 한 가지 먹고사는 것에만 관심을 가진다고,

그것이 타고난 재능이었을지도 모릅니다.

어떤 결정이든 어렵습니다

장고 끝에 악수 난다고 했습니다.

100% 옳고 느린 결정보다

80% 옳고 빠른 결정이 낫다는 생각입니다.

어려운 결정을 쉽게 한 대가를 치르기는 하겠으나

너무 더딘 결정은 더딘 만큼 진도를 빼기도 어렵습니다.

신속하고 과감한 의사결정들이

대부분 좋은 결과를 내는 것 같습니다.

갑을은 늘 바뀝니다

일방적인 갑이 어디 있겠습니까?

갑질을 하는 사람이 있을 뿐입니다.

갑질을 피하려면

싸움의 기술이 필요하기는 한 것 같습니다.

얼굴은 들지 않고 입만 "안녕하세요." 하는 커피숍 직원한테

습관적으로 고개를 숙이고 인사를 한 난

왠지 모르게 을인 것 같고

같은 행동을 해도 나이 들었다는 이유로

욕심스러워 보이는 것 같아 주눅이 들고

나는 조용히 얘기하는데

큰 소리로 말하는 사람 앞에서 기분이 나쁘고,

제대로 따지지도 못하고

돌아서서 씩씩거리는 나는 분명 을입니다.

돈을 버는 것만큼
숭고한 것도 없습니다

돈을 번다는 건 삶을 영위한다는 것입니다.

돈을 벌어 누렸던 일정 수준을 지키지 못했을 때

겪어야 하는 스트레스는

죽음 이상의 고통입니다.

돈을 폼 나게 잘 버는 일이 어디 있겠습니까?

돈이 없어 폼 나게 살지 못할 때가 더 많습니다.

경제활동은 할 수 있는 한 계속하기를 권합니다.

협상은
이미지에서도 결정됩니다

7초 안에 결정된다는 first image

그 이후에는 전문성입니다.

둘 다 갖추어야 하는 중요한 요건이지만

사람이 가지고 있는 매력이

가장 큰 경쟁력이 아닐까요?

이미지에서

자신감과 여유와 전문성까지 발견할 수 있습니다.

그 이후 설득의 심리학이 반영됩니다.

목표를 달성하지 못한 이유는 다양합니다

부진한 성과에 대한 이유는 늘 있습니다.

시장이 안 좋아서

제품이 안 좋아서

일이 많아서

사람이 부족해서

회사 경쟁력이 없어서

타당한 이유일 수 있습니다.

나름의 이유도 있고

심지어 그 이유를 사장이 이해하고 받아들이면

그 부서는 없어져야 합니다.

성과는 그럼에도 불구하고 만들어내는 것입니다.

쉬엄쉬엄
적당히가 좋습니까?

적당히 하면 편합니다.

편안하면서도 그럭저럭해집니다.

적당히 하면 적당히 결과를 얻을 수 있습니다.

그럭저럭 살 수도 있습니다.

그렇다고 삶을 쉬엄쉬엄 살고 싶은 사람이

어디 있겠습니까?

적당히 살고 싶은 사람이 있을까요?

행복은 일상에서 나옵니다

그러나 일상에서 일을 빼놓지는 못하겠습니다.

다양한 취미생활로 일상이 채워진다 생각하니

생각만 해도 나른해집니다.

마음을 쉬이 놓지 마십시오

이전 직장의 상사는 본인이 승진 후

그 자리가 마지막이라 생각했는지

분위기가 완전 달라졌습니다.

많은 것을 내려놓은 듯

이전의 모습과는 다르게 여유로워 보였습니다.

하지만 얼마 되지 않아 이전 모드로 돌아갔습니다.

다시 까칠해졌고, 눈도 날카로워졌고,

어깨에 힘도 들어갔습니다.

승진한 그 자리가 마지막인 줄 알았는데

다음 단계가 보였던 것입니다.

목표가 수정되면 삶에 새로운 긴장감을 줍니다.

중요한 건 그 어느 쪽의 상사 모습이든

나에겐 별로 중요치 않았다는 것입니다.

여백을 두어야 합니다

비워 두어야 다시 채울 수 있습니다.

우리의

머리도

가슴도

몸도

여백을 두어야

채우고 싶은 걸 채울 수 있습니다.

그러니 지금 없는 것에 아쉬워 마십시오.

하고 싶은 일을 하고 싶어요

더 늦기 전에 하고 싶은 일을 하고 싶어요.

누구나 원하는 바입니다.

하지만 더 늦은 때가 언제인지 궁금합니다.

중요한 건 늦기 전에 하고 싶은 일을 하는 게 아니라

해야 할 일을 해야 합니다.

뭐든 늦은 때는 없습니다.

해야 할 일을 안 했을 때

치러야 하는 대가가 혹독할 뿐입니다.

쉼에도
루틴이 필요합니다

일밖에 모를 때가 있었습니다.

그때는 강제적인 루틴이 있었습니다.

정해진 루틴대로 움직이다 보면

웬만큼 원하는 바대로 흘러갑니다.

혼자서도 루틴이 필요합니다.

쉼에도 하루의 일과를 계획성 있게 보낸다면

삶이 단조롭거나 흐트러지지 않을 것 같습니다.

삶이 원래 그렇게 반복적으로 흘러가는 겁니다.

쉼의 루틴은 여유 있는 리듬 같습니다.

백수 예찬을 부르짖는
사람들이 있습니다

강사로 유명세를 타는 어느 국문학자가

백수로 보낸 시간이 오늘의 자신을 만들었다며

백수를 즐기라고 합니다.

정말 백수로만 있었을까요?

정확히 말하면 그 강사는 백수가 아니라

열심히 공부했으리라 생각됩니다.

잠시 쉴 수는 있습니다.

재충전의 시간이 필요할 수는 있습니다.

자꾸 "백수로 살아보니"라는 말로

열심히 살아야만 하는 사람들을 헷갈리게 합니다.

이 헷갈리게 하는 말이 그들에게는 일입니다.

뭐든 해 봐야
본인의 상태를 알게 됩니다

공부도 해 봐야 내가 뭘 못하는지 알고

운동도 해 봐야 내 몸이 얼마나 부실한지 압니다.

심지어 백수도 되어 봐야

왜 백수가 과로사라는 말이 나왔는지 알게 됩니다.

시도하지 않으면 아무것도 남아 있지 않습니다.

실패도 해 봐야

실패가 성공을 이끄는 이유를 알게 됩니다.

일을 해야
행복합니다

'동물농장'이라는 프로에

90세 넘은 치매 할머니가 나왔습니다.

강아지가 할머니의 치매를 더디게

진행시킨다는 내용이었습니다.

PD가 물었습니다 언제 가장 행복했냐고?

손녀딸 이름도 깜빡깜빡 잊는 할머니는

의외의 답변을 했습니다.

"일할 때."

그렇다고 편한 일을 한 것도 아니었습니다.

밭일이었습니다.

인간은 일을 해야 행복하다는 칸트의 말이

90 넘은 치매 할머니 입에서 흘러나왔습니다.

오래 살다 보면 웬만한 철학자는 저절로 되는 것 같습니다.

삶은 선택의 연속입니다

사람들은 끊임없이 선택을 하면서 살아갑니다.

결정을 하면 웬만해선

취소하거나 바꾸려 들지도 않습니다.

게다가 결정에 따른 피해가 아무리 커도

스스로 극복하려고 합니다.

일종의 자기 합리화일 수도 있습니다.

하지만 이러한 작은 잘못된 결정들이 쌓이면

좋은 결과를 얻기가 힘듭니다.

옳은 선택을 할 수 있다는 건 성공을 위한

가장 기본 역량입니다.

공부는 평생 하는 것입니다

하지만 평생 공부만 하는 것이 옳다는 건 아닙니다.

공부는 써먹으려고 하는 것이지

공부에 목적을 두는 것은 아닙니다.

타이거우즈가 전성기 때도 여전히 코치를 두고 있고

전교 1등도 학원을 찾는 이유는

누구나 배움을 필요로 하는 틈이 있다는 것입니다.

인생을 바꾸는 건
의외로 사소한 결정입니다

문득 돌아가신 옛 직장 상사가 생각났습니다.

나에게 누구나 하고 싶어 하는

주요 업무를 맡겨주었습니다.

그렇다고 같이 일한 기간이 긴 것도 아니었습니다.

그 전 직장 상사는 새로 생긴 업무에 나를 추천해 주었고

수십 대 1의 경쟁률을 뚫고

새로운 부서에서 일하게 해 주었습니다.

두 분 다 공히 그 업무에 잘 어울릴 것 같아서

추천했다고 했습니다.

지나 보면 아주 사소한 업무 분장이었으나

그 두 상사의 결정은

한 개인의 인생을 바꾸어 놓기에 충분했습니다.

왜 일을 그리
열심히 하십니까?

이런 질문을 받은 적이 있었습니다.

저는 서슴지 않고 대답했습니다.

"인정받는 게 좋습니다."

이는 자존감의 욕구라고 생각했습니다.

큰 틀에서 벗어나진 않지만

일을 열심히 하는 이유는 조금씩 변했습니다.

무슨 일이든 그에 따른 보상은 있어야 합니다.

인정의 욕구든, 돈을 많이 벌고 싶든

중요한 건, 폼 나는 일을 하면서 금전적 보상까지 주는

그런 멋진 일은 거의 없다는 것입니다.

지금 하는 일이 무엇이든 간에

"왜 일을 그리 열심히 하십니까?"라는 질문을 받았다면

당신의 성공 가능성이 높은 건 확실한 것 같습니다.

생존의 문제는
답이 정해져 있습니다

지인이 대학원 지도 교수의 논문 질문지라며

작성을 부탁해 왔습니다.

상사와 조직의 의사결정이 다를 때 누구를 따를 것이냐는

가치관의 차이를 알아보는 내용이었습니다.

저는 바로 논문의 내용과 상관없이

탁상공론의 전형적 질문이라는 생각이 들었습니다.

회사의 경영은 가치관의 차이가 아닌

생존의 문제이기 때문입니다.

결핍이야말로
새로운 도전의 근원입니다

부에 대한 각자의 기준이 있습니다.

하지만 기본적으로 먹고살 만한 정도는 거의 비슷합니다.

더 이상 경제활동을 안 해도 먹고살 만하다 해서

먹고살 일을 걱정해야 했던 그때보다

더 행복한 건 아닐 겁니다.

그러니 지금 원했던 만큼이 아니어서

힘겨워 마십시오.

결핍은 우리를 그 자리에 머물게 하지 않습니다.

아무것도 하지 않으면 이룰 수 있는 건 아무것도 없습니다

꿈을 이룬 사람이 있습니다.

꿈을 이룰 것 같은 사람이 있습니다.

꿈을 이루리라고는

전혀 생각을 못 했다는 사람이 있습니다.

지나 보면 압니다.

내가 꿈꿔서 이루었다기보다

이루어진 그것이 내 꿈이었을지도 모른다는 사실을.

다시 힐을 신어 봅니다

힐을 벗어 던진 건 일을 떠나 나름의 이유로

휴식시간을 가질 때였습니다.

이제 다시 힐을 신어 볼까 합니다.

그만큼은 아니어도 움직여 보려 합니다.

어떤 결과가 나와도 괜찮습니다.

나를 다시 일터로 가게 하는 데는

그전보다 조금 낮아진 힐로도 충분합니다.

모든 성공은
올인을 필요로 합니다

누구나 최선을 다하는 시기가 있습니다.

주로 처음 시작할 때입니다.

이때 대부분의 에너지를 사용합니다.

하지만 쏟아부은 열정에 비하여

성과가 쉬이 나오지 않습니다.

처음이라 미숙하기 때문입니다.

이 시기를 잘 견뎌야 합니다.

그 결과로 노하우도 생기고

성공을 위한 베이스가 만들어집니다.

성공은 인내를 필요로 하지만

더 중요한 건 올인입니다.

행복의 상승 곡선을 타십시오

사람은 숨이 끊어지기 바로 직전 30초가량,

태어나서부터의 긴 삶의 여정이

전광석화 같은 Flash back으로 보인다고 합니다.

이때 이번 생의 행, 불행을 회상하면서

눈을 감는다고 합니다.

이 말이 믿어지시나요?

일단 믿는다는 전제하에서입니다.

살아 보면 알게 됩니다.

계속되는 행복과 끝나지 않는 불행은 없다는 것을,

한 곳에 머물러 평온이라고 생각 드는

그곳에서 행복하셨는지요?

도전과 경험 속에서 성취감을 느꼈을 때 행복하셨는지요?

주식의 상승, 하락 곡선처럼

인생의 행, 불행도 출렁거립니다.

행복도 상승 곡선 꼭짓점이 많을수록

행복하다고 느낀다고 합니다.

한꺼번에 직선으로 쭉 달려갈 순 없습니다.

그러니 중간중간의 불행과 어우러져

행복의 상승 곡선을 타야겠습니다.

N Job으로
성공할 수 있는 일은 없습니다

N잡 시대입니다.

적어도 2개 이상의 일을 해야

먹고살 수 있는 시대라고 합니다.

하지만 성공은 두 개의 일에서 이루기 힘듭니다.

워라벨이 중요하다고 하는 시대

행복지수가 낮다고 하는 시대

열심히 살 필요가 없다는 시대에 살고 있습니다.

그러니 성공하는 사람도 드문 것입니다.

성공은

하늘이 주신 능력을 타고났어도

올인하지 않고는 이룰 수 없습니다.

돈을 많이 벌었다고 해서, 명예만 얻어서도

성공했다고 하지 않습니다.

둘 다를 가진 사람을 성공했다고 합니다.

이 어려운 것을

어찌 두 개 이상의 일에서 이룰 수 있겠습니까?

말할 기회가 생긴다면
주저하지 마십시오

다른 사람들 앞에서

자신의 말을 할 기회를 가지면서 일했다면

그것만으로도 숨통이 트였을지도 모릅니다.

말도 쌓이면 마음의 병이 됩니다.

혼자서 외로운 건 할 게 없어서가 아니라

말할 대상이 없어서일 겁니다.

누군가가 내 말을 들어준다면

그것만으로도 큰 위로가 됩니다.

이번엔 당신이 들어줄 차례입니다.

때로는 부족함이
도전의 에너지가 됩니다

우리는 노후를 준비하기 위해 사는 것 같습니다.

노후 준비는 일 없이 먹고사는 게

해결되면 되는 것일까요?

노후 준비가 되어 있으면 무엇을 하실 건지요?

노후 준비는 거의 다 경제적 활동으로부터의 해방입니다.

완벽한 경제적 자유를 얻었다면

그 이후는 무엇을 하든 조금씩 내려놓는 작업입니다.

그러니 조금의 모자람에 아쉬워 마십시오.

그 부족함이 새로운 도전의 에너지가 될 것입니다.

가장 훌륭한 홍보는
자기 자신입니다

성공하기 위하여 필요한 것 중에서

홍보는 빠질 수 없습니다.

스스로 마케팅을 하든 홍보 회사를 이용하든

자신의 콘텐츠 노출은 홍보의 필수 요소입니다.

하지만 사람 앞에서 말하는 직업을

가진 사람은 다릅니다.

본인이 말을 하는 순간

거기에 홍보전략을 담고 있습니다.

어디 말하는 일뿐이겠습니까?

무슨 일을 하든

자기 자신이 최고의 마케터가 되어야 합니다.

돈이 행복의 전부는 아닙니다.
하지만,

돈이 행복의 전부가 아니라고 해서

가난에 머물면서 행복할 수는 없습니다.

가난이 불행한 이유는

자기가 하고 싶은 일을 할 수 있는

기회를 얻지 못해서입니다.

긴 인생에서 누구든지 어느 한 시기

자신이 하고 싶은 일을 할 수 있다면

얼마나 좋을까요?

돈은 불행하지 않기 위해 필요한 것 같습니다.

신뢰가 없는 사람은
나를 망가뜨립니다

누구를 믿는다는 건

편하게 마음을 털어놓을 수 있다는 것이고

신뢰가 가는 조직에서 일한다는 건

나를 성장시키고

신뢰가 없는 사회는

우리를 불안하게 합니다.

신뢰는 나의 판단을 정확하게 이끌어 줍니다.

자유를 맛보면 구속을
받아들이기 어렵습니다

자유로움은 너무 편한 것이어서

우리의 많은 것에 날개를 달아주지만

철저한 자기 관리 없이는

아무것도 이룰 수 없다는 뜻도 됩니다.

적당한 구속과 긴장감은 적당히 성과를 주지만

자유로움은 한계를 특정하지 않으며,

무한대로 풀어놓습니다.

남이 아닌 내가 나 자신을 매니지먼트해야 합니다.

좋은 리더는
함께 나아가야 합니다

리더의 마지막 시험은

뒤에 남은 사람들이 일을 계속해서 진행해 나가도록

확신과 신념을 남기는 것입니다.

리더는 성공을 통해

함께하는 사람들에게 기회를 제공하며,

함께하는 사람들과 같이 성장할 수 있어야 합니다.

그 자리에 멈춘 리더를 따를 사람은 아무도 없습니다.

성공은 하나를 잘했을 때
가능합니다

본인은 늘 부족하다고 생각하는 분이 있었습니다.

하지만 그는 중견기업의 전문경영인이 되었습니다.

성공 이유를 물었습니다.

지금 하는 일 외에 다른 것은

거의 머릿속에 넣지 않는다고 했습니다.

가끔 머리를 비워도 그 비운 자리를

다른 것으로 채우지 않는다고 합니다.

성공의 가장 기본은 그 일로서만 가능합니다.

큰 물줄기를 봐야 합니다

대부분의 많은 일들은 본질에서 벗어난 갈등들로

해결이 어렵게 되는 경우가 많습니다.

시작과 상관없이 중간과정에서 발생된 문제들로

해결하고자 하는 본래의 사건들은

어느새 파묻혀 버립니다.

늘 그래왔던 것 같습니다.

그러니 끝이 보이지 않습니다.

큰 줄기를 타고 흘러가는 강가 옆에 앉아 쪽박물 퍼내며

네 물이 많니, 내 물이 많니 하는 것과 같습니다.

크게 멀리 바라보면 보입니다.

다다라야 할 곳이 어디인지 알게 됩니다.

다 잘하려고 하지 마십시오

팔방미인이라는 말이 있습니다.

모든 걸 잘한다는 의미지만

한 가지에 능통하지 못하다는 뜻도 담고 있습니다.

한 가지만 잘하면 먹고사는 데는 지장 없습니다.

돈 버는 일에 낭만적 사고는 버리십시오.

일이 즐거우면 둘 중 하나입니다.

돈이 들어오든지, 즐거움만 있든지,

한 가지를 잘해서 즐겁게 살고 싶습니다.

취미는 과정을 즐기는 활동입니다

취미로 스트레스가 생기면 그때부터는 일이 됩니다.

취미에 지나친 목표를 세우면 이미 취미생활이 아닙니다.

취미는 소비적인 활동입니다.

그렇다고 비생산적이라는 것은 아닙니다.

뜻하지 않게 경제적인 활동으로 바뀔 수도 있겠으나

처음의 순수한 마음을 잊지 마시길 바랍니다.

취미는 과정에 충실한 활동이어야 합니다.

"이젠 배역에 목이 말라요."

이준혁이라는 배우가 수년 전 인터뷰에서 한 말입니다.

무명 생활도 오래 했고 유명 배우의

연기 지도도 했다고 합니다. 연극판에서 벗어나

영화를 기웃거린 건 돈 문제였다고 합니다.

셋째가 태어나니 돈이 필요했다고 했습니다.

이후 많은 작품을 하면서 원하는 돈은 벌었지만

그는 아직 목마르다고 했습니다.

"이제 돈에 목마르다기보단 배역에 목이 말라요.

돈을 생각하지 않을 여유가 생긴 게 좋아요.

다음 번엔 격정 멜로를 한번 해 보고 싶어요.

욕망의 불나방 같은, 서로 합의하에 하는 사랑 말이에요.

지금까지 주로 합의 없이 사랑하는 배역만 맡아서, 하하하."

나는 이 배우의 삶의 순서가 맘에 듭니다.

세 사람이면 충분합니다

3의 법칙을 아시지요?

세 사람이 모이면 상황을 바꿀 수 있는 힘이 실림을

나타내는 현상을 말합니다.

많은 사람이 있어야 할 것 같지만

조직도 능력 있는 세 사람만 있으면 성장 가능합니다.

리더가 모두를 아울러야 할 것 같지만,

핵심인재 세 명과 우선순위 세 가지만 파악해도

훌륭한 리더로서 자질은 충분합니다.

전문가는
예측 가능해야 합니다

자신이 하는 일에 전문가가 된다는 것은

자신이 하고 있는 일의 결과를

예측할 수 있어야 한다는 뜻입니다.

하다 보면 될 것 같고, 해 봐야 알 것 같고,

현재의 상태를 파악할 수 없다면

아직 전문가는 아닙니다.

고수의 경지에 이르지 못했다는 뜻입니다.

물론 그 예측이 맞아떨어지지 않을 수 있습니다.

하지만 그 가능성을 명시할 수 있을 때

성공 확률이 높아집니다.

돈 많고 나이 든 사람은
부럽지 않습니다

오래전 알고 지내던 동생이 한 말입니다.

저는 이 말의 의미를 몸값이라고 생각했습니다.

몸값이 높다는 건 참 멋진 일입니다.

시간 지난 지금 그녀가

돈 많은 젊은 시절을 보냈는지는 모르겠습니다.

하지만 분명히 후회 없는 삶을 살았으리라

믿어봅니다.

인생의 자유로움을 얻는 데
긴 시간이 필요하진 않습니다

100세를 넘어 사는 세상입니다.

인생의 자유로움을 위해

인생 전체를 치열하게 살 이유는 없습니다.

10년 정도의 성공 경험이면 충분하지 않을까요?

당신의 경쟁력은 다져진 10년의 성과가

나머지 긴 인생에서 당신을 성장시킬 것입니다.

내가 멈춰 있으면
다른 사람이 성공합니다

"내가 정상에 설 수 있었던 건

남다른 재능이 있어서가 아니라

다른 사람들이 노력을 하지 않기 때문이다."

어느 인터뷰에서 누구나 알 만한

남자 댄스 가수가 한 말입니다.

혹시 우리는 충분한 능력을 갖고 있지 않는 것이 아니라

가지고 있는 능력을 활용하지 못하는 건 아닐까요?

정상을 밟아 본 사람들은

모두가 혹독한 훈련을 이겨냈습니다.

훈련은 고통스럽습니다.

하지만 실패는 더 고통스럽습니다.

PART 2

사는 이야기

때로는
기다리는 것도 괜찮습니다

스킨 스쿠버를 하는 지인의 말입니다.

"해류를 타면 가만있어도 500미터를 가고

벗어나면 온갖 용을 써도 5미터를 가기 힘듭니다.

그래서 나를 갖추고 기다립니다."

너무 힘들면 잠시 흐르는 대로 가만히 있어 보십시오.

기다려 보십시오.

물길을 거스를 순 없습니다.

살아보면 압니다

내 의지대로 되는 게 그리 많지 않다는 것을,

앞으로 좋은 일만
남아 있습니다

고 장영희 교수(영문학자, 수필가)는

『살아온 기적, 살아갈 기적』에서 인생은

행복의 흰색 바둑알 5개와 불행의 검은색 바둑알 5개가

주머니에 넣어져 있다고 하였습니다.

만약에 당신이 지난 시간이 힘겨웠다는 생각이 들고

지금 불행하다고 느껴지면,

검은색 바둑알을 먼저 사용한 것이어서

주머니에는 행복의 바둑알이 남아 있다고 하였습니다.

희망과 시련은 서로 교차하면서 우리 곁에 있습니다.

하지만, 행복도 늘 우리 곁에 있습니다.

좋은 사람들과
함께해야 합니다

"우리의 얼굴은 누군가에게는

탁월함의 기준을 높이는 자극이 되기도 하고,

그 기준을 낮추는 자극이 되기도 한다.

그런 의미에서 우리는 서로에게

탁월함에 대해 빚을 지고 있는 셈이다.

탁월한 사람들 옆에서 시간을 보내다 보면

탁월해질 가능성이 높다.

안주하는 사람들 옆에서 시간을 보내면

안주하는 삶을 살게 될 가능성이 높다.

우리 중 누군가는 탁월함 유발자이고,

누군가는 안주함 유발자인 셈이다."

최인철의 『프레임』 중에서 발췌한 글입니다.

'끼리끼리'라는 말이 생각납니다.

살짝 두려운 말 같기도 합니다.

지금 우리 곁에 있는 사람들이

나의 탁월함 유발자이자 안주함 유발자입니다.

무조건 지지해주는
누군가가 있습니까?

호랑이를 잡을 때 사냥꾼은 통상

네다섯 마리의 사냥개를 풀어놓습니다.

사냥개는 호랑이에게 달려가 싸웁니다.

과연 네다섯 마리의 사냥개가 호랑이를 잡을 수 있을까요?

아마 사냥개 수십 마리도 호랑이를 대적할 순 없을 겁니다.

그런데도 사냥개는 호랑이에게 달려가 싸웁니다.

왜일까요?

사냥개는 뒤에서 사냥꾼이 호랑이를 향해 총을 겨누고

자기 대신 싸워 줄 것이라는 것을 알기 때문입니다.

세상을 살면서 이렇게 든든한 누군가가 뒤에 있다면

못 할 것이 없을 것 같습니다.

어쩌면 우리가 이미

그 누군가가 되어 있을지도 모르겠습니다.

추억이 꿈을 대신할 때
우리는 늙어가고 있습니다

미국의 전직 대통령이 한 말입니다.

과거를 돌아보는 것이 아쉬움만 있는 것은 아닐 겁니다.

지난 시간이 지금의 나를 아름답고,

견고하게 만들어주었습니다.

꿈과 추억이 뒤범벅되어

만들어지는 것이 인생인 것 같습니다.

지금, 꿈을 가지고 계십니까?

추억을 떠올리고 있습니까?

마음의 평온을 유지하는 데도 훈련이 필요합니다

마음의 평온을 가지기 위해서는

배려, 공감, 이해가 필요한 덕목일 것 같습니다.

이러한 마음 씀이 부족하면서 평온을 유지하려면,

주위가 완벽하거나, 나의 의지대로 움직여 주거나,

가진 것도 많고 강해야 합니다.

하지만 이는 거의 불가능합니다.

그러니 자신의 평온을 위해서라도

배려, 공감, 이해하는 마음훈련이 필요할 것 같습니다.

거리를 두고 보면
아름답지 않은 것이 없습니다

영화나 드라마 속 주인공이 부러울 때를 지나

노래나 이야기 속 주인공들이

아름답게 느껴지는 나이가 되었습니다.

사랑 말고 사람이,

참 지겹기는 하지만 그래도 사람이 참 좋습니다.

거리를 두고 보면 아름답지 않은 사람이 없습니다.

공감은 너무 어렵습니다

공감은,

같은 경험이나 상황에 처하지 않고서는

공유하기 어렵습니다.

하지만 공감 능력을 키울 수는 있을 것 같습니다.

촘촘한 결로 쌓여가는 삶의 깊이가

필요하다는 생각입니다.

치열한 삶은 우리를 크게 성장시키면서

공감할 수 있는 능력을 키워줍니다.

엄마의 기도로
우리는 성장합니다

"나 같은 엄마를 만나 넌 좋겠다."

주위에서 종종 하는 말이지요.

가끔 딸이 그럽니다.

"나 같은 딸이 있어 엄마는 좋겠다."

속으로 생각합니다. 너 같은 딸을 만들기까지

"너를 꽃피우기 위해 내가 거름이 되어버렸다."고

차마 내 입으로 말하기 쑥스러워

'가족사진' 노래의 가사를 일부 가져옵니다.

헷갈립니다. 철철 넘치게 베푸는 요즘의 부모를 만난

아이들이 행복한 건지, 이전 같지 않은

친구 같은 자녀들이 있어 부모가 행복한 건지,

분명한 건, 엄마가 나를 꽃피우기 위해

거름이 되어버렸습니다.

사람들과 함께할 때가
그래도 좋습니다

잘 정리되고, 조용하고, 아늑하고,

향기 좋고, 평온하고, 편리한 집

그럼에도 불구하고

시끄럽고, 음악은 내 취향이 아니고, 커피 값도 비싸고,

한곳에만 앉아 있어야 하고, 주위는 산만하고,

그럼에도,

두런두런 들리는 목소리, 설렘을 주는 음악,

부드러운 카페라떼,

확 트인 시야, 정겹게 느껴지는 분위기,

때로 외경에 마음까지 빼앗기는

이곳 커피숍이 참 좋습니다.

이것저것 SNS 살피다가 미소 짓게 되고,

문득 나도 글 끄적이다가,

인생 뭐 있나?

이렇게 소소히 행복하면 되지,

혼자보단 어우러져 있을 때가 그래도 행복합니다.

사랑은 늘 어렵습니다

사랑은 혼자 있을 때만큼 함께 있어도 좋은 것

- 바스테트

사랑은 혼자 있을 때보다 함께 있을 때 좋은 것

- 바스테트를 사랑하는 피타고라스

베르나르 베르베르 『고양이』중

처음엔 후자에 한 표였습니다.

다시 생각해보니 지금은 전자입니다.

집사님들 생각은요?

그래도 가끔은 술술 풀렸으면
좋겠습니다

문득 삶을 되돌아보게 되는 순간

나이가 들었음을 느끼게 됩니다.

좋은 일로 그런 계기를 맞이하면 더할 나위 없겠지만,

인생이라는 게 어렵지 않고서는

반추하기가 쉽지 않습니다.

가끔 전생에서 나라를 구한 듯 술술 풀리는 사람들을

보게 되면, 부러움보다 옹심이 나기도 하지만,

'각자의 삶' 속에서 누릴 수 있는

작은 기쁨을 찾아낼 수 있다면 그게 바로

자신에게 주는 가장 큰 보상이 아닐까 싶습니다.

이런 게 '삶의 경지'가 아닐까요?

하지만, 때로는 나도, 우리도 전생에서 나라를 구한 듯

뭘 해도 술술 이루어지는 좋은 일로 가득하기를

간절히 바랍니다.

말을 아끼는
훈련이 필요합니다

잘 말하는 건 대단한 능력이며,

성공의 필요한 부분이기도 합니다.

하지만 말이 많은 건 다른 문제입니다.

말이 많아질 때는 대부분

자기 자신을 드러내고 싶어 할 때나

자신감이 결여되어 있을 때입니다.

말 잘하는 것보다

말을 아낄 때가 더 단단해 보이긴 합니다.

함께하면 행복은 두 배가 되고
슬픔은 반이 된다고 합니다

정말 그렇던가요?

사람이 많으면 많을수록 슬픔과 노여움은 숫자만큼 늘고,

행복은 줄어드는 것 같습니다.

삶은 행복해지려고 사는 게 아니라

불행을 하나씩 줄여가는 것이라고

말한 철학자도 있습니다.

곱씹어 보면 짜증 나는 말인데

은근 위로가 되기도 합니다.

마치 신께서 모든 이에게 고루 행복은 주지 않았지만

고루 불행은 뿌려 놓은 것 같아서요.

행복을 찾는 건 내 의지입니다.

용기도 자꾸 써먹어야 합니다

"용기는 무너져 버리는 일이 없다.

숨어 있는 힘인 것이다."

작가 펄벅이 그의 책

『딸아 너는 인생을 이렇게 살아라』에서 한 말입니다.

용기는 마음의 근육질 같습니다.

삶의 방식은 다양합니다

때로 인생을 통달한 듯 사는 사람들이 있습니다.

지금 죽어도 아무 여한이 없는 듯,

삶을 너무 진지하게 사는 사람들이 있습니다.

매사 신중하고, 뭐든 해 봐야 하고,

주고받는 것을 싫어하고,

마음을 주는 것조차 조심스러워 하는,

그래서 다른 사람의 마음을 읽어 내는 데 서툽니다.

전자는 삶을 다소 가볍게 볼 수도 있겠다 싶고,

후자는 행복하지 않을 것 같다는 생각이 듭니다.

바닥도 있고, 성공도 있고, 잃어도 보고, 포기도 해 보니

삶이 뭐 별거 있어? 그냥 사는 거지, 싶다가도,

그래도 아직은 순간순간 옷깃을 여미고, 신발 끈을 묶고…

다짐도 해 보는, 진지한 모습이 싫지가 않습니다.

자녀는 그 자체로
축복입니다

두 아이가 웬만큼 자랐을 때,

자녀가 한 명인 또래분들을 보면

"둘만 낳아 잘 기르자" 시대에

어찌 하나만 낳을 생각을 했냐고,

대단한 선견지명이라고 말합니다.

그러면 그분들도 여태껏

제일 잘한 게 아이 하나 낳은 거라고 답합니다.

가끔은 그랬습니다.

두 아이 키우기가 왜 이리 힘든 건지,

도대체 우리 부모님들은 5~6명 심지어는 8~11명을

어찌 키워 내신 건지,

하지만 이 생각도 잠시

아이가 하나여서, 둘이어서, 셋이어서,

삶이 더 행복하거나, 수월하거나,

더 힘겨운 건 아니라는 걸 알았습니다.

아이는 삶의 원천이고, 푯대고,

그 자체로 행복이었습니다.

나의 스토리가
드라마입니다

나이 들어 좋은 건, 스토리가 많다는 것입니다.

달리 말하자면, 감사할 것과 반성할 것이 수시로 떠오르고,

딱히 누구에게 배우지 않아도 그동안 터득된

성공과 실패의 노하우도 쌓여 있습니다.

가끔은

나에게도 묻고 싶고, 다른 사람들에게도 궁금합니다.

살아오면서 목표가 뭐였는지, 이정표는 있었는지,

하지만 의외로

꿈과 목표에 대하여 물으면 입이 턱 막혀 버립니다.

꿈이라, 목표라 생각지는 않았지만,

지나 보니,

뭔가가 이룬 게 있다고 느껴진다면,

더할 나위 없이 행복하지 않을까요?

크게 이룬 것 없지만 지난 시간, 최선을 다했던

그 순간이 있었다면 나름 만족스럽지 않을까요?

가장 열정적이었던 그때를 생각하면,

지금도 감사하며 마음이 풍요로워집니다.

"열정" 그 자체가

최고의 "능력"임에는 틀림없는 것 같습니다.

모든 건 다 변합니다

어렸을 적 택시기사가 멋있게 보였습니다.

차가 그리 많지 않던 시절이라

운전을 잘하는 그분들이 그리 보였을 겁니다.

게다가 젊은 사람이 대부분이었습니다.

고령화의 영향일까요?

아니면 처우의 문제일까요?

요즘은 택시기사 대부분이 나이 든 분들입니다.

새삼

멋있고, 스마트한 택시기사를

만나고 싶은 생각이 듭니다.

참 뜬금없는 생각입니다.

쏜살같이 가버린 시간이
젊음의 비결입니다

세계적 자타 공인 동안인 톰 크루즈에게 물었습니다.

동안 비결이 뭐냐고,

정신없이 열심히 연기를 했더니

시간 가는 줄 몰랐다고 합니다.

사랑하는 사람과 함께 있으면 1시간,

하루가 금방 지나가버립니다.

사랑을 하면 이뻐지는 것과 같은 이치입니다.

열심히 산 사람이 늙지 않는 이유는

하루를 짧게 살기 때문 아닐까요?

강한 사람이 싫습니다

삶에 대한 강한 의지가 있는 사람을 보면 존경스럽습니다.

열정이 있는 사람은 존재 자체로 주위에 영향을 줍니다.

오랫동안 지치지 않고 끈기 있게 자신의 일에 매진하는

사람은 아름답기까지 합니다

하지만 아무리 그들의 열정이 자극이 되고,

재충전이 되어도

마음이 강한 사람은 멀리하고 싶습니다

소신 있는 종교 탓일 수도 있고,

치열한 삶이 그렇게 만들어 놓았을 수도 있겠으나

선뜻 가까이 하기가 꺼려집니다.

세월이 지나도 마음이 말랑말랑한 사람이 있습니다.

그런 사람을 만나고 싶습니다.

그들을 보면 따라 마음이 부드러워집니다.

과거에 얽매이지 마십시오

아픔을 떨쳐 버리지 못하면

또 다른 아픔을 양산합니다.

과거에 매몰되어 있으면

앞으로 나아가지 못합니다.

미래는 두려운 것이 아닙니다.

지금 당신의 모습이 미래의 모습입니다.

현재의 모습이 미래의 나로 남았을 때

만족스럽다고 생각되면

지금 당신은 원하는 미래를 향해 있습니다.

위로는 주고받는 것입니다

위로는 선물과 같습니다.

주고받는 것입니다.

위로를 받으려면 나의 마음부터 열어야 합니다.

누군가를 위로한다는 것은 어렵습니다.

다행인 건 그 어려운 것을 해결할 수 있는 열쇠를

내가 쥐고 있다는 것입니다.

내가 줄 수 있어야

나도 받을 수 있습니다.

유치한 행동이 필요합니다

인간은 유치할 때 가장 순수합니다.

가감 없이 들어주고, 웃고, 박수를 쳐 줄 때입니다.

유치원생들의 환한 미소가 이러한 행동에서 나옵니다.

상대방을 판단하지 않습니다.

그저 바라보고 나오는 감정대로 표현합니다.

가장 긍정적이고 순수한 모습입니다.

지혜도 평온에서 나옵니다

분노는 판단을 흐리게 합니다.

지혜로운 사람이 평화롭게 보이는 이유는

웬만해선 자신의 화를 쉬이 드러내지 않습니다.

참으라는 말이 아닙니다.

마인드컨트롤을 잘하는 건 지혜로움의 결과가 아닐까요?

머리로만 열심히 산 건 아닌지요?

최선을 다했음에도 불구하고 이룬 게 없다고 느낀다면

혹시 열심히 생각만 한 건 아닌지요?

일은 생각으로 하는 게 아니라 행동으로 하는 것입니다.

때로는,

머리보다 몸이 더 먼저 움직이는 것이 중요합니다.

시간은 배반하지 않습니다

공부도 마찬가지입니다.

남들이 한 번 볼 때 두 번, 두 번 볼 때 세 번 보면

그 조금의 차이가 다른 결과를 냅니다.

타고난 머리가 없어도 괜찮습니다.

시간을 더 투입하면 됩니다.

한결같은 꾸준함은 어렵지만

무엇이라도 하나는 만들어 냅니다.

젊음은 에너지를 필요로 합니다

젊음은 타고난 미모와 꾸며진 외모로 만

들어지지 않습니다.

뛰는 가슴과 몰입의 역동적 에너지를 필요로 합니다.

젊다고 에너지가 넘치는 것도 아니고

나이 들었다고 소진된 것도 아닙니다.

매사 나른한 모습은 멀리하고 싶습니다.

매력적인 사람이 좋습니다

이쁜 사람보다 매력적인 사람이 좋습니다.

외모만으로 매력을 찾기는 쉽지 않습니다.

매력은 말을 하는 순간 알 수 있습니다.

말 많은 사람보다 말 없는 사람이 좋습니다.

말 없는 사람보다

말 잘하는 사람과 함께하는 건 즐거운 일입니다.

하지만 말보다 표정에서 나오는 매력은 그냥 심쿵입니다.

경험은 내공입니다

경험이 많을수록 단단해집니다.

무엇보다 견딜 줄 압니다.

좌절하지 않습니다.

다시 움직여야만 하는 이유도 압니다.

이것이 내공입니다.

까칠함도 훈련이 필요합니다

감정을 표현하기까지 오랜 시간이 걸립니다.

연습도 필요합니다.

참고 돌아서니 화가 나고

당한 것만 같아 불편하고

싸울 줄도 모릅니다.

하지만, 지금도 여전히

참고 돌아설 때가 아직은 편하기는 합니다.

그럴 때가 있습니다

몸이 정신을 지배, 정신이 몸을 지배,

그럴 때가 있습니다.

정신만 너무 강하면 몸이 탈이 나고

몸으로만 해결하려면 전략적 접근이 어렵습니다.

그래도 가끔은 머리를 비우는 것이 괜찮을 것 같습니다.

이치가 그렇습니다.

비워야 다시 채울 수가 있습니다.

다 그럴 때가 있습니다.

잊고 싶은 시절이 있습니까?

누구나 지우고 싶은 순간이 있습니다.

실연, 거절, 실패, 분실, 절망

잊어야 할 것과 잊지 말아야 할 것을 구분하지 못하면

잊지 못해 괴롭고, 잊혀서 그 자리입니다.

개인의 이야기는
역사가 되기도 합니다

우리 모두가 아는 유명인들의 스토리가 그렇습니다.

하지만 우리의 이야기가 역사가 되지는 않습니다.

비록 나의 인생 스토리가 역사가 되지는 않지만

나에겐 소중한 추억이며, 기록입니다.

어찌 알겠습니까?

나의 스토리 한 순간이

다른 한 사람에게 감동을 줄 수 있을지,

타인의 성공에
기여하고 싶습니다

누군가의 성공에 기여하고 싶다면

본인의 성공 경험이 있어야 합니다.

누구를 위해서 일하겠다는

선한 마음이 좋아 보이기는 하나

관계가 훼손되면 그 사람 때문에

당신의 일이 멈출 수도 있습니다.

본인만 잘하면 됩니다. 본인의 성공이 먼저입니다.

당신을 롤모델로 누군가가 바라보고 있다면

이미 타인의 성공에 기여하고 있습니다.

배움의 의지는
나의 태도에 있습니다

오픈마인드가 가장 중요한 순간은 배울 때입니다.

배움에는 스폰지같이 빨아들이는 흡수력이 필요합니다.

부모님과 직장에서의 조언은 귀에 거슬리며,

잔소리로 들릴 수도 있습니다.

그러나 그들의 성공이나 실패의 경험, 쌓아온 지식은

혹시 일어날지 모를 시행착오를 줄여 주기도 합니다.

삶의 지혜를 알아가는 배움의 의지는

나의 태도에서 결정됩니다.

주인의식은
필요합니다

남의 집에 세를 살아보면 압니다.

새 집에 세를 살면

깨끗함을 유지하려는 마음이 생깁니다.

그래도 내 집만큼 청소에 열심이지 않습니다.

낡은 집이면 웬만해선 깨끗하게 유지하기 쉽지 않습니다.

그럼에도 그 낡은 집이라도 내가 주인이면

쓸고 닦고 아끼고 수리해서

오랫동안 쾌적한 상태를 유지하려고 애씁니다.

비유가 적절한지 모르겠습니다만,

어디서든, 무엇을 하든

주인의식은 자기 자신을 위해 꼭 필요합니다.

유명세는 혼자서
만들 수 있는 게 아닙니다

언젠가 유명 여배우가 TV 토크 프로그램에 나와서

이런 말을 했습니다.

"나는 주인공 역할만 한다. 주인공이 아니면 맡지 않는다.

애들을 남에게 맡기고 나오는데

주인공은 해야 된다고 생각한다."

또 다른 여배우는 이렇게 말했습니다.

"악한 시어머니 역은 안 한다.

이해되지 않는 억지스러운 시어머니 역할을

도저히 못 하겠더라. 연기가 안 된다."

그럴 수 있습니다. 자신의 소신이니 어쩌겠습니까?

하지만 속으로만 안고 갔으면 좋았으련만

앞으로 이 두 사람의 연기는

보고 싶지 않다는 생각이 들었습니다.

본인들의 유명세는 혼자서 만든 게 아닙니다.

더한 간절함으로 그 역할을 훌륭히 소화해 준

조연들, 악한 연기를 해준 동료를 덕분입니다..

만족스러운 삶이
어디 있습니까?

세상이 불공평하다는 생각은 들지만,

누구에게나 만족스러운 삶 또한 없습니다.

그래도 살 만한 이유는 상황이 좋아서가 아니라

감사한 일이 있다면, 그것으로 충분합니다.

감사함은 스스로 만들어 내는 엔돌핀입니다.

힘들지~
한마디면 충분합니다

"힘들지…," "힘들겠다…."

이 한마디면 충분합니다.

위로는 많은 말보다 마음이 전달될 때

진심으로 통합니다.

눈빛만으로도 전달될지 모르겠습니다.

곁에 있어 주는 것만으로도 가능합니다.

마음을 읽어주는 말, 작은 행동들이

큰 위로가 되기도 합니다.

멘토가 있습니까?

있다면 너무나 다행입니다.

순간순간 결정이 헷갈릴 때 누군가가 길을 보여준다면

겪을 수 있는 시행착오를 반으로 줄일 수 있을 겁니다.

물론 멘토의 결정이 늘 최상은 아닙니다.

하지만 두 사람의 머리로 결정하는 것이니

적어도 한 사람의 결정보다는 나을 것입니다.

그래서 멘토입니다.

멘토가 있습니까? 물으면

누구든 선뜻 대답하기 힘듭니다.

만약에 아직 멘토가 없다면

누군가의 멘토가 되어 주는 건 어떨까요?

나이가 들면
마음도 뻣뻣해집니다

나이가 들면 근육이 뻣뻣해지고,

뼈가 쉬이 부러지고

피부도 늘어지고, 모든 것이 탄력을 잃어버립니다.

어쩔 수 없는 노화 현상입니다.

하지만 마음은 그렇지가 않습니다.

노력으로 따뜻하고, 부드럽고, 평온하게

유지 가능하지 않을까요?

마음이 뻣뻣하고 늘어지고 유연성을 잃고

생각이 굳은 사람들을 보면

어쩌면 우리는 마음이 몸보다 더 먼저

늙어버리는 게 아닌가 싶을 때가 있습니다.

친절도 타고나는 것일까요?

같은 공간에서 비슷한 일을 하면서도

보이는 모습은 전혀 다른 사람들이 있습니다.

말투, 행동, 아이콘택트 등에서 느껴지는

온도 차는 완전 다릅니다.

이런 현상이 왜 일어날까 궁금합니다.

친절도 타고나는 것일까요?

이에 저는 어느 정도 동의합니다.

그렇지 않고서는 설명이 되지 않습니다.

하지만

각자의 재능으로 타고난 것은 조금씩 다르지만

그래도 변화시켜야 한다면,

지속적인 교육이 필요할 것 같습니다.

같은 심정일 리가 없습니다

전문 경영인으로 성공하신

어느 중견기업 대표님 말씀입니다.

그동안 직장 생활을 하면서

모시고 있는 분이 힘든 일에 휘말렸을 때

같은 심정으로 상황을 공유하였다고 생각하였으나

막상 본인이 비슷한 어려운 일에 당면하고 보니

그 중압감은 전혀 달랐다고 말씀하셨습니다.

딸이 결혼하고 나서

하루도 딸을 생각하지 않은 날이 없었습니다.

딸도 엄마가 생각날까 싶었지만

문득 나의 신혼 시절이 생각났습니다.

친정은 이미 나의 집이 아니었고

나의 보호자는 남편이었고

엄마 생각도 거의 안 했던 것 같습니다.

그리 생각하니 딸과 함께했던 시간들이 그리워

가슴이 먹먹해 왔습니다.

딸이 나와 같은 심정일 리가 없습니다.

친정엄마 생각에 눈물이 났습니다.

같은 심정일 리가 없었습니다.

보험회사가
살아남는 이유가 있습니다

보험영업은 입문은 힘들지만 입문 후에는

웬만하면 그 어려운 영업을 해냅니다.

영업사원들을 살아남게 하는

회사의 시스템이 잘 만들어져 있기 때문입니다.

보상, 교육, 동기부여 등 포기하지 않게 하기 위해

많은 비용을 사람에게 사용합니다.

그들이 포기하지 않게 지원함으로써 힘을 길러 줍니다.

가장 본능적인 목표 지향적 프로세스를 작동시킵니다.

영업사원들을 잃지 않기 위해

지속적으로 보상 프로그램을 만들어 냅니다.

그것이 이익을 위한 수단이라 해도

좋은 사람들을 놓치지 않으려는

보험회사의 속성이,

상품이 사람에게 포커싱되어 있습니다.

새 사람으로 채우려 하기보다는

잘하는 사람들이 오래 함께하기를 원하는 곳입니다.

결국 사람입니다.

드라마나 영화는
우리가 원하는 결론을 내립니다

영화는 우리에게

현실보다 더한 잔인함과 슬픔과 쾌락을 보여줍니다.

이러한 것들은 감동스럽지도 않으며,

잔인성은 안 본 것만 못할 때도 있습니다.

하지만 영화는 대부분이 현실에선

불가능한 해피엔딩과 권선징악으로 끝냅니다.

비현실적인 사랑, 성공 이야기는

대리만족도 느끼게 합니다.

노래 가사가 나의 이야기 같아서 감동을 주는 게 아니라

아름다워서 자꾸 불리는 것처럼 픽션이기에 가능한 이야기,

드라마, 영화, 노래를 통해 우리는

순수함과 아름다움을 유지하고, 행복해하기도 합니다.

이들의 생명력이 긴 이유이기도 하겠습니다.

그때 그 선택이 후회되십니까?

지난 시간의 선택들에 후회가 많은지요?

하지만, 우리가 어떤 결정을 하였든

그 경험들은 분명 더 나은 방향으로 가고 있을 겁니다.

우리의 내비게이터가 그렇게 안내하고 있습니다.

"나는 다시 겪어볼 가치가 있는 경험을 하고 살았다."

스티브 잡스가 한 말입니다.

겪어볼 가치가 있는 경험도 선택이 먼저입니다.

하루의 행복으로 충분합니다

가끔

영화나, 드라마에서 대리만족을 느낍니다.

감정이입도 됩니다.

좋은 영화, 드라마는

적어도 하루의 행복을 누리기에 충분합니다.

말을 잘할 수는 있습니다

말만 잘해도 성공하는 사람이 넘쳐나는 세상입니다.

말을 잘하려면 자신감이 중요합니다.

말을 잘하기 위해서는

자기 스토리가 있어야 하며,

반복적 연습이 필요합니다.

해야 할 일이 먼저입니다

학교에서 다 못 한 공부는

사회에서 늦은 공부를 해도 괜찮고

타고난 재능이 없어도

뒤늦은 취미를 가져도 됩니다.

순서가 바뀌어도 됩니다.

중요한 건,

늦기 전에 하고 싶은 일을 하는 것보다

해야 할 일을 먼저 하는 것입니다.

지금의 모습이
당신의 과거입니다

나이 들었다고

누구나 성숙해지지는 않습니다.

하지만

세월이 지난다고,

그들의 훌륭한 삶이,

경험과 지혜가

사라지지도 않습니다.

평온한 삶이
그립습니다

음악, 미술, 운동은

먹고사는 일이 어느 정도 해결된 이후에

관심을 가지게 됩니다.

먹고사는 일이 힘겨울 땐

하늘이, 구름이, 바다가 눈에 들어오지 않습니다.

사계절조차 느껴지지 않습니다.

그냥 삶이 그렇다는 것입니다.

열심히 산 사람은
감사의 마음을 품고 있습니다

열심히 산 사람은 현재에 감사합니다.

열심히 살았다고 생각하는 사람은

현재가 불만스럽습니다.

긍정의 에너지는 최선을 다했을 때 충전됩니다.

지금도 늦지 않았습니다.

지금 할 수 있는 뭐든 시작하십시오.

우리가 보는 것이
다는 아닙니다

사람의 눈으로 볼 수 없는 것을,

사진, 그림은 보여 줍니다.

우리가 보는 것이 다가 아니라는 것입니다.

사람에게는 감춰진 것이 더 많습니다.

절대 볼 수 없는 마음을 어찌 표현할 수 있겠습니까?

아름다움도 세련되거나 매력적인 것과는

조금 다른 느낌입니다.

느낌이 좋은 사람과 함께하고 싶습니다.

기부는 자기 행복입니다

오래전 신문기사 내용입니다.

대학가 앞에서 김밥 장사로 평생 모은

돈을 대학에 기부한 할머니 이야기입니다.

아무리 생각해도 본인보다 행복하고

앞으로도 행복할 가능성이 높은

학생들을 위해서라고 합니다.

기부는 주는 사람의 기쁨인 것입니다.

좋은 사람은 나를 한 곳에
머물게 하지 않습니다

목숨까지 내어주고 싶은 사람이 있습니다.

영감을 주는 사람이 있습니다.

목숨을 줄 수 있는 사람과

영감을 주는 사람이

같은 사람일 필요는 없습니다.

분명한 건 이 사람들이 나를 앞으로 나아가게 합니다.

위로는 가까운 사람한테
먼저 하십시오

옆 사람에게 차 한잔 못 사는 사람이

안면도 없는 먼 곳에 있는 사람을 위로하는 것은

가능할 수는 있으나

내 마음만 편할 뿐입니다.

우리는 가까운 사람에게는 너무 쿨합니다.

편안해서 말투는 날카롭고

가까이 있어 소중함을 가끔 잊습니다.

혹시 지금 옆에 있는 사람이 아파하고 있지는 않을까요?

다른 사람들이
마음에 들지 않으십니까?

다른 사람이 하는 일의 방식이 마음에 들지 않을 때는

그도 나 정도 되는 사람이구나 생각하면 어떨까요?

행동이 마음에 들지 않으면

내가 그렇게 하지 않으면 어떨까요?

그럼에도 마음에 들지 않으면

멀리하는 것도 방법일 것 같습니다.

엄마는
강할 수밖에 없습니다

목숨을 내놓을 수 있을 만큼 소중한 존재를

이 세상에 둔 사람에게는

뭐든 헤쳐 나갈 만한 힘이 있습니다.

"자식은 몸 밖에 있는 심장이다."

영화 '주디'에서 주인공이 한 말입니다.

주인공이 견디고 살아가는 이유였습니다.

엄마는 강할 수밖에 없습니다.

하인리히 법칙은
삶에서도 나타납니다

잦은 펀치를 이겨내야 합니다.

이것들이 모여 한 번에 회복할 수 없는 타격을 줍니다.

성공도 한 단계 한 단계씩

극복도 하나하나씩 풀어가야 합니다.

한꺼번에 해결하려고 하지 마십시오.

어느 날 갑자기 순식간에 이루어지거나

무너지는 건 없습니다.

벽은 막아주고
기대라고 있습니다

벽이

기대라고,

막아주겠다고 버티고 있습니다.

몸이 휘청거릴 때 벽에 손을 짚고, 몸을 기댑니다.

우리에게는 엄마가 늘 벽처럼 서 있습니다.

적당한 에너지를
유지하십시오

인간의 정상 체온은 36.5도입니다.

35도가 되면 심장이 멈춰 버립니다.

심장이 일을 하지 않습니다.

안 해도 된다고 생각합니다.

살아간다는 건

지속적으로 에너지를 충전하고

적당한 온도를 유지하는 것입니다.

내공은 극복의 결과입니다

너무 힘들 때 여기가 바닥인가?

그런 생각이 든다면 아직 바닥이 아닙니다.

진짜 바닥에서는

생각도 몸도 그대로 멈춰 버립니다.

한번 내려놓은 몸은 다시 일으키기 쉽지 않습니다.

그럼에도 불구하고 계속해서 움직여야 합니다.

그것이 인내고 내공이고 극복할 수 있는 힘입니다.

현재를 즐기십시오

과거의 불행을

현재로 끌고 오면,

많은 것이 해결되었음에도

여전히 불행합니다.

힘들지 않은 때란 없습니다.

현재의 어려움을 과거와 섞지 마십시오.

과거의 연민을 현재로 가져오는 건

여전히 과거 속에 매몰되어 있다는 것입니다.

삶은 타고난 재능으로
사는 것이 아닙니다

사람마다 각각의 타고난 재능이 있다 해도

살아생전 발견하기는 쉽지 않습니다.

지금 하고 있는 일을

타고난 재능으로 만들어 갈 수도 있습니다.

많은 부분은 지속적인 노력으로 해결됩니다.

인간의 품격은
어디에서 나올까요?

자신의 젊음과 나이 듦을 한꺼번에 생생하게

볼 수 있는 사람들이 있습니다.

배우들입니다.

젊음이 그 자체로 빛나기는 하지만

유난히 나이 들어 더 멋지고 아름답기까지 한

사람들을 볼 수 있습니다.

그건 잘 가꾼 외모가 아니라

여유로운 미소, 정갈한 옷차림, 부드러운 말투,

가볍지 않은 사고, 배려하는 행동에서

나타납니다.

인간의 품격을 빛나는 젊음에서 찾기란 쉽지 않습니다.

약간은 세월의 흔적을 필요로 합니다.

만날수록
행복한 사람이 있습니다

좋은 영화를 한 번, 두 번, 세 번 계속 보게 되면

볼 때마다 주는 감동의 깊이가 다릅니다.

심지어 스쳐 지나갔던 장면까지도 다르게 와닿습니다.

영화도 이럴진대

사람이야 오죽하겠습니까?

볼수록 매력적이고, 그 깊이가 더해 가는 사람은

잠시 함께하는 것만으로도

우리의 삶을 풍요롭게 만들어 줍니다.

지켜야 되는 선이 있습니다

지켜야만 되는 선을 인지하지 못하면

그게 뭐든 오래갈 수 없습니다.

한번 망가진 관계는 회복하기 쉽지 않습니다.

깨진 도자기를 붙여도 접었던 종이를 다시 펴도

흔적이 남아 있는 것과 같습니다.

무조건 좋은 게
좋은 게 아닙니다

안타깝게도 의심하고 다소 부정적인 사람이

비교적 정확한 판단을 할 확률이 높습니다.

돌다리를 두드려 보고 가는 것과 비슷한 이치입니다.

긍정적인 것과

무조건 좋은 게 좋다는 구분되어야 합니다.

사랑에도 온도가 있습니다

사랑은 마지막 1°C가 필요합니다.

99°C까지 에너지를 다 쏟고는 1°C를 채우지 못해

사랑을 잃어버립니다.

저는 그 1°C는 편안함이라고 생각합니다.

사랑은 열정으로 시작해서

편안함으로 유지되는 것 같습니다.

힘들다고
행복하지 않은 건 아닙니다

살아보면 압니다.

삶은 힘든 것이라는 것을

이전에도 힘들었고 지금도 힘겹습니다.

하지만

힘들다고 해서 행복하지 않은 건 아닙니다.

행복은 곳곳에 더 많이 숨어 있습니다.

지나 보니

작은 행복들이 많이 쌓여 있습니다.

인내도 타고난 재능입니다

남보다 뭔가를 잘하는 건 그게 뭐든지

조금은 타고났다고 생각합니다.

남다른 인내와 끈기야말로

타고난 재능 이상의 재능입니다.

돌이켜보면 이것만으로도

제법 이룬 게 많은 것 같습니다.

잘 말하는 것은
매력적인 일입니다

말 잘하는 것과 잘 말하는 것의 차이가 무엇일까요?

잘 말하려면 머리에 든 게 많고

가슴에 담은 것이 많아야 합니다.

말 잘하는 건 순간적인 즐거움을 줄 수는 있으나

감동은 없습니다.

잘 말하는 사람은 다른 사람의 가슴을 울리게 합니다.

시간은 무심코 흘러갑니다

오랜 시간 그 일만 했다고 해서

실력이 저절로 느는 건 아닙니다.

10년이 지나도 1년의 깊이만큼 반복 누적되면

딱 그만큼입니다.

해가 거듭될수록 거듭된 만큼의 깊이가 필요합니다.

겹겹의 나이테가 나무의 성장을 나타내지만

나무의 나이테도 세월이 지났다고

저절로 생기는 게 아닙니다.

빛, 온도, 습도에 따라 성장 패턴이 달라집니다.

무심코 지나는 시간이지만,

서로를 다르게 성장시켜 놓습니다.

자신의 모습을 보십시오

나이 들어 아름다움을 유지하기란 쉽지 않습니다.

그러니 자신을 다듬지 않으면

다른 사람들과 함께하기 어렵습니다.

집 앞 커피숍도 웬만하면 챙겨 입고 나가기를 권합니다.

그곳에서 일하는 친구들에게

그나마 할 수 있는 배려입니다.

서로 다른 테이블이지만 차 마시는 순간만큼이라도

서로의 노력으로 좋은 분위기를 즐겼으면 합니다.

눈은 마음의 창이
맞는 것 같습니다

사우나에서 맞은편에 두 아이가 앉아 있었습니다.

초등학생 저학년으로 보이는 여자아이였습니다.

그중 한 아이와 눈이 마주쳤습니다.

잠시 후 옆 아이에게도 눈이 갔습니다.

그 아이는 의식적으로 옆으로 고개를 돌렸습니다.

생각해보니

서로 눈을 마주친 여자애가 먼저 나를 쳐다보았습니다.

그 아이와 난 잠깐의 아이콘택트가 있었지만,

순간 그 아이의 많은 것이 내게 다가왔습니다.

이쁘기도 했고, 이상하게 여유로워 보이기도 했고,

뭐라도 해낼 것 같은 당당함도 느껴졌습니다.

그 잠깐의 아이콘택트를 통해

그 아이의 마음을 읽어낸 것일까요?

그 아이도 나의 눈에서 따뜻함을 발견했기를

바라 봅니다.

반백수 시절이 있었습니다

아침 물 한잔을 마신 후

옷을 갈아입고 카페에 갑니다.

창밖 풍경을 보며 마시는 부드러운 라떼 한잔이

하루의 행복을 열어줍니다.

책을 보기도 하고

살짝 옆 사람 얘기가 들려오기도 하고,

행복이 그냥 그런 겁니다.

뭐든 조금씩 즐기면 됩니다.

만약에 그때 그랬다면,

그냥 그 대학에 면접을 갔더라면,

첫 직장을 그만두지 않았더라면,

두 번째 직장을 그만두지 않았더라면,

세 번째 직장을 계속 다녔더라면,

그때 거기에 가지 않았다면,

조금 더 신중했다면,

아쉬움이 많습니다.

갑자기 생각이 바뀌었습니다.

그때 그랬었던 결정들이

돌아보니 지금 이 자리에 서 있게 했습니다.

감사하다는 생각이 드는 걸 보니

그때 그랬었던 선택들이 다 괜찮은 결정이었습니다.

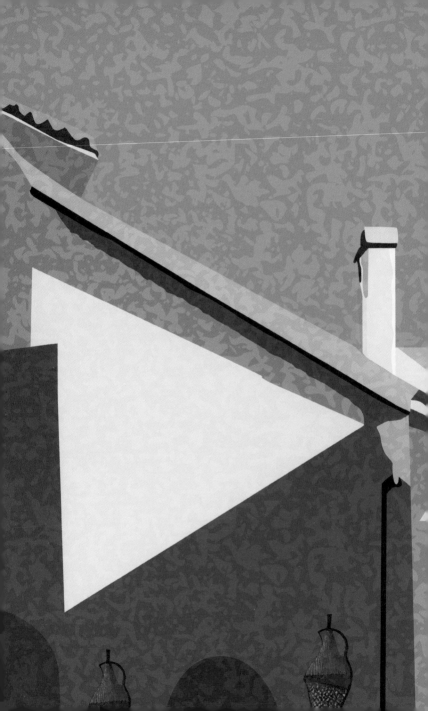

가장 빛나는 순간을
간직하십시오

사진작가 앙리 까르띠에 브레송은

모든 것에는 결정적 순간이 있다고 말했습니다.

나는

모든 것에는 최고의 모습이 있는 것 같습니다.

가장 빛났던 한 컷이나

최고의 모습이 담긴 사진을 한 장쯤 소장하는 것도

나름 큰 행복일 것 같습니다.

사람은
환경의 영향을 받습니다

서울서 근무하다 지방 발령을 받았을 때입니다.

근처에 논, 밭을 두고 있었고

5일장이 서기도 했습니다.

그렇다고 그곳이 시골 풍경만도 아니었습니다.

비바람이 치던 어느 날

서울에서 같이 내려온 옆 동료의

이런 날은 창가 넓은 곳에서 커피 한잔하면 좋겠다는

말이 끝나기도 전에 맞은편 자리에서

비닐하우스가 다 날아가겠다는 말이 들려 왔습니다.

시간이 지나도 사소한 그 일이 잊히지 않습니다.

처한 환경이 사람의 감성을 건드린다고 생각하니

새삼 주위를 둘러보게 합니다.

이유 없이
기분 좋은 날이 있습니다

잠을 푹 자서 그런지, 커피 한잔의 기쁨인지,

이런 날이 가끔 있습니다. 그냥 기분이 좋습니다.

이런 날은 자꾸 행복한 것들을 떠올리게 합니다.

자주 이런 날이 있었으면 좋겠습니다.

뭔지 이유는 있었을 겁니다.

자식은 사랑으로 키웁니다

시대가 아무리 바뀌어도 아이는

돈으로 키우는 게 아니라 사랑으로 키웁니다.

그 사랑이 부모를 강하게 만듭니다.

아이 셋을 낳고 보니 방이 4개가 필요해

큰 아파트를 구입했고

세상을 바라보는 크기가 달라져

더 열심히 일했다는 지인이 있습니다.

혼자 살아서 더 행복하고,

혼자여서 돈이 잘 모이는 건 아닌 것 같습니다.

자녀들로 인해 치열하게 산 삶을

억울해하는 사람을 본 적이 없습니다.

살아갈수록 삶은 참 심오하기도 합니다.

가장 행복한 때가
언제였습니까?

이 질문에 50대라고 답변한 사람이 제일 많았다고 합니다.

한참 전 어느 방송에서 흘러나온 말입니다.

어느 정도 이해되는 시기입니다.

이도 시대를 반영하면 요즘은 60대일 수도 있겠습니다.

며칠 전 누가 봐도 급하게 출근길을 재촉하는

젊은 여자가 눈에 들어왔습니다.

아이의 엄마처럼 보였고

힐을 신은 빠른 발걸음은 가벼워 보였습니다.

나에게도 저런 때가 있었습니다.

힘든 줄도 모르고

가장 활기차게 앞만 보고 살았던 시기였습니다.

그러고 보니 지금이 아니라

그때가 더 행복했던 것 같습니다.

엄마이기 때문입니다

커피숍에서 옆자리에 앉은 딸과

엄마의 대화 내용이 들려왔습니다.

다소 억양된 목소리가 귀 기울이게 했습니다.

자세한 내용은 파악되지 않았으나

"엄마가 나 때문에 집안일이 힘들면 왜 날 낳았어?"라는

내 가슴까지 치는 말이었습니다.

왜 저런 말이 나왔는지,

이유가 어떻든 딸의 의문의 승이었습니다.

엄마 목소리는 거의 들리지 않았고

언성 높인 딸 목소리만 들렸습니다.

엄마 목소리가 들리지 않은 이유는 단 하나

엄마이기 때문입니다.

남의 말을 들어주기란
쉽지 않습니다

모든 삶에는 각자의 고통과 고뇌가 담겨 있습니다.

남다른 성공담도 있고 극복기도 있습니다.

그러니 나의 스토리를 풀어내고 싶어 합니다.

하지만 남의 말을 들어주기란 쉽지 않습니다.

그러니 잘 말하는 훈련이 필요합니다.

나의 족적이 한 편의 드라마 같은

스토리가 되어야 합니다.

그래야 그 스토리가 다른 사람에게도 도움이 됩니다.

참 어려운 일입니다.

그러니 말을 하는 것만으로도 스트레스가 해소되고

들어주는 것만으로도 위안이 되는 겁니다.

사랑이 어떻게 변하냐고요?

사랑이 어떻게 변하지 않는다고 생각하는지요?

사랑의 유효기간은 길지 않습니다.

사랑이 시작되면

둘 중 하나는 마음의 병을 앓기 시작합니다.

더 많이 사랑하는 쪽이 앓게 되어 있습니다.

사랑을 유지하기 위해서는

처음 같은 열정보다는 사랑을 위한 애씀 없이도

만나면 편안하고 잔잔한

행복한 시간을 가질 수 있어야 합니다.

그런 시간으로 늘여가야 합니다.

처음 그 간절한 마음이 그대로 남지 않습니다.

생각해보니

참 아프네요, 사랑.

비가 옵니다

비가 오면 초록이 더 아름다워 보입니다.

땅 색도, 아스팔트 색도 선명해집니다.

내 마음도 선명하고 깨끗해집니다.

비가 와서 행복한 사람이 많았으면 합니다.

내게 베푼 호의는 다른 사람을 통해서도 돌아옵니다

내가 베푼 선의를 서로 주고받으려고 마십시오.

다른 사람을 통해서도 돌아옵니다.

비껴 돌아옵니다.

뜻하지 않게 받은 호의는

마치 착하게 살아서 받은 상 같습니다.

겉바속촉

책은 촉촉한 느낌입니다.

흙도 촉촉한 느낌입니다.

마음에도 촉촉함이 있습니다.

촉촉한 느낌이 참 좋습니다.

그러고 보니 소리에도 촉촉함이 있겠네요.

우리는
극복할 힘이 있습니다

고통은 현재의 상황을 반영한 결과입니다.

죽을 것만 같았고, 깨어나지 않았으면 해도

자고 일어나 상황이 바뀌지 않았음에도 살 만합니다.

어떤 상황에서도 우리는 극복할 힘을 가지고 있습니다.

우리는 앞으로 나아가고 있습니다.

하루를 견디는 힘이 필요합니다.

먼저 나를 바라봐야 합니다

매사 부정적인 생각을 하는 사람이

부정적인지 인지하지 못하면

정의에 대한 표현이라고 생각할 수 있습니다.

지나친 자기애는 관계 형성을 어렵게 하고

신중하지 못한 행동은 돌아서면 스스로 괴롭고

이기적인 행동은 함께하기 힘듭니다.

스스로 자존심이 센 사람이라고

말하는 사람은 어쩌면

자격지심의 표현일 수도 있겠습니다.

먼저 자신을 제대로 바라보는 노력이 필요합니다.

지불한 돈만큼
서비스를 받습니다

고객에게 친절하지 못한 직원들을 보면 화가 납니다.

말투는 냉소적이며, 시선은 다른 데 가 있고,

그렇다고 분위기가 좋은 것도 아닙니다.

순간 알았습니다. 커피값이 2,500원이라는 사실을,

머문 장소가 어디냐에 따라 대우가 달라집니다.

물론 타고난 친절한 직원을 만나기도 합니다.

그럴 때는 무한 감동입니다.

하지만 대부분의 최고 서비스는

그만큼 지불할 때 받을 수 있습니다.

그냥 인정해야 할 것 같습니다.

말하는 연습이 필요합니다

나이가 들수록 말하는 연습을 해야 합니다.

가능한 한 맑은 목소리를 위해 목을 보호하고,

다른 사람의 말을 잘 경청하고

주제에 벗어나지 않아야 합니다.

적당한 스피드를 유지하는 것도 중요합니다.

연습으로 지나간 세월을 이길 수는 없겠으나

매력적인 품위는 지킬 수 있을 것 같습니다.

나이가 들면
자연히 알게 되는 게 있습니다

눈 깜짝할 사이에 지나간 시간 같지만

수많은 일들을 겪어내야 했고

아스라한 기억에 애잔하기도 하고

그리운 많은 것들이 가슴에 녹여져 있습니다.

그렇게 지나가는 모든 것에 지치지 않고,

한결같은 마음으로 많은 것을 이겨내었다는 것을.

때를 기다려야 합니다

하고 싶은 일을 해도 될 때가 있고

해야 할 일을 해야 될 때가 있습니다.

불행하게도 인생은 해야 할 일을

해야 할 때가 더 많습니다,

해야 할 일을 해야 할 때 하고 싶은 일을 하면

잠시 즐거울 수는 있어도 삶이 고단해집니다.

순서가 뒤바뀌어도 됩니다.

하고 싶은 일을 할 수 있을 때를 기다려야 합니다.

환경은 중요합니다

어릴 적 트라우마가 성인이 되어서도 영향을 미쳐

사회적 문제를 일으키는 사람들이 있습니다.

이들은 개인적으로도 불행한 삶을 살고 있습니다.

이들이 불행에서 벗어날 수 없는 이유 중 하나는

스스로 바꿀 수 없는 환경 때문일 수도 있습니다.

환경을 바꾸기는 쉽지 않습니다.

그러니 내가 그곳에서 멀어지는 것도 방법입니다.

시간은 우리를 다르게
성장시켜 놓습니다

돌아보면 후회스러운 일들이 있습니다.

시작은 비슷했는데

어느 순간 너무 다르게 성장되었을 땐 황당하기도 합니다.

그 차이가 궁금하기도 합니다.

하지만

늦지 않았습니다.

서두르지 말고,

방향성을 잘 잡고

지금이라도 시작하십시오.

우리에게 늦은 때는 없습니다.

지나온 시간 속에 분명히 드러나지 않은

나의 성장도 있을 겁니다.

같은 방법으로 다른 일을 반복하는 게 두려울 뿐입니다.

꿈은 하고 싶은 일을
하는 것입니다

하고 싶은 일을 하면서 살 수만은 없기에

꿈을 이루기가 쉽지 않았습니다.

해야 할 일을 해야 할 때

하고 싶은 일을 할 수가 없었습니다.

한참 유행했던 광고 카피입니다.

"열심히 일한 당신 떠나라."

열심히 일한 당신 꿈을 찾으십시오.

꿈은 나이 든다고 사라지는 게 아닙니다.

그날이 그날 같은 삶을 꿈으로 채우십시오.

싸움은 자신보다
강한 사람과 하십시오

싸움은 안 하는 게 무조건 낫습니다.

하지만 굳이 싸우려면

본인보다 강한 사람과 싸우십시오.

싸움은 둘 다를 나락으로 보냅니다.

상처뿐인 승자만 남을 뿐입니다.

할 수 있는 건 그냥 하십시오

무엇을 하든 마음먹었을 때 하십시오.

그 나이에 그걸 해서 무엇 하냐고 말합니다.

하지만 때로는

무엇을 하기 위해서가 아니라

해 놓고 나면 할 수 있는 게 있을 수도 있습니다.

기회가 왔을 때 놓치지 않기 위해서입니다.

'지금 해서 뭐 해?' 하며 주저하는 일이 있는지요?

뭐든 안 하는 것보단 하는 게 낫습니다.

평온은 감사하는 마음에서 시작됩니다

마음이 평온하다는 것은 지금 행복한 상태라는 뜻입니다.

행복하니 감사하고, 행복과 감사는 한 몸입니다.

생각해 보면 주위에 감사한 일이 너무 많습니다.

사고가 나도 덜 다쳐서 감사하고

암에 걸려도 초기라 감사하고

공부 못해도 건강하니 감사하고

고단하지만 일이 있어 감사하고

어려운 가운데서도 이렇게 감사한데

매사 감사한 일이 얼마나 많겠습니까?

별 특별한 일이 없는데도

내 마음이 평온하니 감사한 마음이 절로 생깁니다.

행, 불행은
고루 나뉘어 있습니다

행복은 누구에게나 주어지지 않지만

불행은 누구에게나 주어져 있는 것 같습니다.

나만 불행한 게 아니어서

그나마 위로가 된다면

조금은 덜 억울할 것 같습니다.

어쩌면 이만큼인 것이 다행일 수도 있겠습니다.

오래 살아 있어
여행은 계속됩니다

30대 말에 난소암으로 죽은 친구가 있습니다.

그때 그 친구의 죽음은 충격이었습니다.

시간이 지날수록 너무 일찍 간 그 친구가 살아 있었다면

얼마나 멋지게 살았을까 싶은 안타까움이

그동안 경험한 모든 것들에 무조건 감사했습니다.

젊은 날 세상을 등진 친구, 전 직장동료, 그들의 짧은 생이

많은 것을 겸손하게 만듭니다.

삶은 시간과 함께하는 여행 같습니다.

여자와 남자의
멀티태스킹 능력도 다릅니다

멀티태스킹이 여자에게 더 뛰어난 능력임에는

분명한 것 같습니다.

여자는 화장하면서 휴대폰 보고, 음식 만들고,

중간중간 다른 일도 가능합니다.

남자는 거의 불가능할 듯 싶습니다.

다름을 인정하는 것에서부터 이해는 시작됩니다.

여자와 남자가 같은 사안을 다르게 판단하는 것으로

충돌하지 않았으면 합니다.

이제 자신을 위해
살고 싶다고 합니다

어느 정도 자녀들을 성장시킨 여자들이

이제는 자신을 위해 살고 싶다는 말을 종종 합니다.

사회적 책임감으로 자식을 낳아 키우진 않았을 테고

한 남자의 수고를 덜어주기 위해

결혼을 하지 않았을 터인데

출산 휴가 2개월만 주어졌던 그 척박했던 시절에도

맞벌이를 유지하며 사는 사람이 있었고

아내로서 엄마로서 역할에 충실했든

그것은 본인들의 선택이었습니다.

그 시절이 다른 사람들을 위해 희생한 삶으로 기억되어

이제 자신만을 위한 삶을 살고 싶다면

그래서 자신을 위한 삶이 살아진다면,

지난 시간도 우리 자신을 위한 삶이었어야 합니다.

삶이 워낙 고단한 것이고

뜻대로 되지 않는 자식일지라도

이미 자녀를 키우며 받은 행복으로 충분하고

남편과의 추억이 하얀 솜사탕 구름으로 남아 있다면

그 삶은 누구를 위하여 산 삶이 아닌 것입니다.

그 시절이 있어 지금의 당신이

대견하며 아름다운 것입니다.

누구를 위하여 사는 삶은 없습니다.

단호한
삶의 의지가 필요합니다

지금처럼 암이 완치 가능한 질환이 된 건

불과 얼마 되지 않았습니다.

80년대까지만 해도

암 자체 조기 발견도 쉽지 않았습니다.

당시 외과의의 말입니다.

수술 후 나을 수 있다고 생각하는 환자는

얼굴에서 삶의 의지가 보인다고 합니다.

물론 삶의 의지만으로 완쾌되는 건 아니겠지만

치료에 적극적이며, 살아야겠다는

단호한 의지가 있음은 분명합니다.

인문학이나 예술 활동은
가치를 담고 있습니다

고등학교 시절 음악 시간에

노래 부르기 평가시험이 있었습니다.

같은 반 친구가 당시 유행했던 트윈폴리오의

웨딩 케익을 부르는데 지금도 그 느낌이 생생합니다.

그 친구에게 느꼈던 세련됨은 오랜 시간이 지나서도

기억에 남아 있습니다.

나중에 알고 보니 피아노도 잘 치는 친구였습니다.

그녀의 여유로움이 부러웠습니다.

찰스 디킨스는 상류층일수록 책, 음악, 사랑에 쌓여 있고

하류층일수록 음식, 분노, 죽음,

더러움에 쌓여 있다고 했습니다.

참으로 받아들이기 쉽지 않은 말입니다.

그렇다고 책, 음악, 사랑을 멀리할 수도 없을 것 같습니다.

시간이 지나도
왜 거기에 머물러 계십니까?

지나 보면 시간만큼

깨달음을 주는 것도 없는 것 같습니다.

큰 목표가 있었던 것도 아닌데

지나 보니 서 있는 곳이 참으로 대단해서 놀랍고

시작은 비슷한 것 같은데

너무 달리 이룬 것이 신기하고

하지만

시간이 지나도 그 자리에 머물러 있는 사람은

왜일까 궁금합니다.

변하지 않은 모습이 안타깝고,

여전히 같은 고민을 하고 있고,

그래도

머문 곳이 옛날과 같은 곳은 아니겠지요?

행복은 채움입니다

행복은

따듯함과 사랑으로 채움입니다.

여유로움으로 채웁니다.

여행으로 채우고 꿈으로 채우고

그리움으로도 채웁니다.

행복은 채움으로써 가질 수 있는 것입니다.

여행은
늘 좋은 경험으로 남습니다

여행이 항상 즐거운 여정으로 이루어지지는 않습니다.

하지만 피곤하고 지겨웠을지도 모를 그 어떤 여행도

지나 보면 우리를 풍요롭게 만듭니다.

여행은 말로 형언할 수 없는 자연을 선물하고

사진으로 전달되지 않는 풍광을 우리 눈에 새겨주고

도저히 설명할 수 없는 감정들을 가슴에 남겨 줍니다.

여행은 우리의 눈, 귀, 머리, 가슴까지 자극시킵니다.

옆에 있을 때
잘해야겠습니다

영화 '녹터널 애니멀스'에서 "가장 치사한 복수는

보고 싶을 때 얼굴을 보여주지 않는 것이다."라는

대사가 나옵니다.

"가장 잔인한 이별은 예고 없이 사라지는 것이다."

라고도 했습니다.

오는 사람 막지 않고 가는 사람 붙잡지 않더라도

있을 때 잘하면,

그 사람이 없어도 괴롭진 않을 것 같습니다.

우리에겐
공부가 쉬웠습니까?

아이들을 학원으로 몰아세웁니다.

족집게 선생님만 만나면

단번에 성적이 오를 것이라 착각합니다.

왜 진득이 앉아 집중하지 못하냐고 합니다.

생각해보십시오. 우리도 그땐 그것이 어렵지 않았나요?

우리도 해내지 못한 그 어려운 걸

우리의 자녀들은 해내야만 된다고 생각하시는지요?

너무 앞서가서 너무 지나쳐서 망치는 것 중 하나가

공부인 것 같습니다.

오늘도 당신은 잘 ——— 살아가고 있습니다

1판 1쇄 펴낸날 2024년 5월 31일

지은이 송경숙

펴낸이 나성원
펴낸곳 나비의활주로

책임편집 김정웅
디자인 BIG WAVE

주소 서울시 성북구 아리랑로19길 86
전화 070-7643-7272
팩스 02-6499-0595
전자우편 butterflyrun@naver.com
출판등록 제2010-000138호
상표등록 제40-1362154호
ISBN 979-11-93110-33-1 03320